MANUEL DE RÉSISTANCE FÉMINISTE

Marie-Eve Surprenant

MANUEL DE RÉSISTANCE FÉMINISTE

Pour mettre fin aux inégalités persistantes et contrer l'antiféminisme

les éditions du remue-ménage
Table de concertation de Laval en condition féminime

Couverture : Remue-ménage
Illustration de couverture : Marie-Claude Lepiez, *Queer lion*, 10 x 10 cm, 2015
Infographie : Folio infographie

ISBN : 978-2-89091-540-4
ISBN (pdf) : 978-2-89091-541-1
ISBN (epub) : 978-2-89091-542-8

3e tirage

Dépôt légal : 4e trimestre 2015
Bibliothèque et Archives Canada
Bibliothèque et Archives nationales du Québec

Les Éditions du remue-ménage
110, rue Sainte-Thérèse, bureau 303
Montréal (Québec) H2Y 1E6
Tél. : 514 876-0097
info@editions-rm.ca/www·editions-rm.ca

Distribution en librairie (Québec et Canada) : Diffusion Dimedia
Europe : La Librairie du Québec à Paris/DNM
Ailleurs à l'étranger : Exportlivre

La Table de concertation de Laval en condition féminine (TCLCF) tient à souligner l'appui et le soutien financier de la Caisse Desjardins d'économie des Travailleurs unis et de l'Intersyndicale des femmes.

Les Éditions du remue-ménage bénéficient du soutien de la Société de développement des entreprises culturelles du Québec (SODEC) pour leur programme d'édition et du soutien du Conseil des arts et des lettres du Québec. Nous remercions le Conseil des Arts du Canada de l'aide accordée à notre programme de publication. Nous reconnaissons l'aide financière du gouvernement du Canada par l'entremise du Fonds du livre du Canada pour nos activités d'édition.

TABLE DES MATIÈRES

À toutes les militantes féministes, d'hier, d'aujourd'hui
et de demain, pour leur inestimable contribution
à la construction d'un monde plus juste, égalitaire et solidaire.

INTRODUCTION

N'oubliez jamais qu'il suffira d'une crise politique, économique ou religieuse pour que les droits des femmes soient remis en question. Ces droits ne sont jamais acquis. Vous devrez rester vigilante votre vie durant.

Simone de Beauvoir

Bien que des avancées majeures aient été réalisées au cours des dernières décennies par le mouvement féministe, l'égalité entre les femmes et les hommes et entre les femmes elles-mêmes est loin d'être atteinte, au Québec comme ailleurs. Les dernières années ont été marquées par des attaques antiféministes et des résistances aux luttes féministes, montrant la fragilité des acquis des femmes. Or, en cette période d'austérité, non seulement la situation des femmes s'est détériorée, mais celles-ci sont attaquées de toutes parts : coupes dans le système de santé, dans l'éducation, la fonction publique, gel des salaires, hausse des tarifs des services de garde, accès restreint à l'avortement, coupes dans les instances et programmes (déjà peu nombreux) spécifiques aux femmes (mentionnons À égalité pour décider et Chapeau les filles), fermeture des bureaux régionaux du Conseil du statut de la femme, compressions dans le budget du Secrétariat à la condition féminine, fin des ententes régionales en égalité… et cette liste est loin d'être exhaustive !

À ces **politiques sexistes** qui minent les conditions de vie des femmes et les capacités d'action des groupes de femmes, s'ajoutent des mesures de relance économique qui bénéficient davantage aux hommes[1]. Les femmes se trouvent donc doublement pénalisées par un gouvernement qui s'entête à nous faire croire que ses politiques sont neutres et n'ont aucun impact différencié sur les genres. Ce gouvernement ne voit plus la nécessité d'appliquer l'analyse différenciée selon les sexes (ADS) comme instrument de gouvernance, bien que cette mesure soit inscrite dans la politique d'égalité entre les femmes et les hommes (2007-2017).

Dans le contexte actuel d'austérité, le néolibéralisme exacerbé menace les acquis sociaux, la justice et l'égalité, au détriment des plus vulnérables, majoritairement des femmes, fragilise les acquis des femmes ou les réduit comme peau de chagrin (fin de l'universalité des tarifs de garderie, abolition de la Commission de l'équité salariale, réduction des cotisations au Régime québécois d'assurance parentale, etc.). À cela s'ajoutent des années, voire des décennies ou plutôt des siècles (eh oui!) d'antiféminisme de tout acabit.

Si les visages de l'**antiféminisme** ont bien changé depuis les dernières années, ses manifestations fracassantes ayant fait place à un sexisme plus subtil et insidieux, il n'en demeure pas moins que la liberté et l'émancipation des femmes sont minées par des mythes persistants, dont le plus dommageable est le **mythe de l'égalité-déjà-atteinte**. Dans une société qui pose l'égalité entre les sexes comme valeur soi-disant fondamentale, des résistances sont toujours à l'œuvre et bien des plafonds de verre restent à éclater.

Il peut être parfois épuisant, voire enrageant de lutter contre toutes ces résistances à l'égalité des femmes. Mais c'est encore plus pénible de se taire et de laisser les mythes et les idées dépassées perdurer. C'est pourquoi, 10 ans après la publication du guide *Paroles féministes, controns le ressac! Réponses au discours antiféministe,* un argumentaire succinct qui visait à rétablir les faits en matière de condition de vie des femmes et à soutenir les féministes dans leurs luttes pour l'égalité, la Table de concertation de Laval en condition

1. COUTURIER, Eve-Lyne et Simon TREMBLAY-PEPIN. *Les mesures d'austérité et les femmes: analyse des documents budgétaires depuis novembre 2008*, Notes socioéconomiques, Institut de recherche et d'informations socioéconomique (IRIS) octobre 2015.

féminine (TCLCF) récidive avec la publication du *Manuel de résistance féministe.*

Si la popularité du modeste guide *Controns le ressac* ne s'est jamais démentie au fil des années, il nous apparaissait essentiel d'abord d'actualiser son contenu, d'élargir les thèmes abordés (au-delà des éternels sujets de prédilection des masculinistes) et surtout de mettre à profit les savoirs récoltés au fil des rencontres avec des femmes de tous horizons lors de conférences et d'ateliers. Des savoirs tant théoriques qu'expérientiels, qui nous ont permis et nous permettent encore de nous réapproprier nos luttes, notre histoire et notre pouvoir. C'est ce matrimoine collectif que nous avons envie de partager, pour que de plus en plus de voix s'élèvent contre l'oppression et les inégalités. Pour reprendre les mots d'Hélène Pedneault, nous croyons « qu'il est urgent que les femmes redeviennent dangereuses et tonitruantes[2] », qu'elles fassent entendre leurs voix. Des voix fortes, plurielles, polyphoniques et solidaires.

C'est ainsi que le *Manuel de résistance féministe* vous invite, d'une façon ludique et parfois grinçante, à revisiter les concepts de base du féminisme, à une lecture féministe de l'Histoire ainsi qu'à observer les mécanismes à l'œuvre dans la **reproduction des inégalités** : patriarcat, sexisme, stéréotypes sexuels, antiféminisme et stratégies de tout acabit pour miner les avancées des femmes. Mais surtout, à **déboulonner quelques mythes** qui ont la vie dure. Vous y trouverez nombre d'arguments pour rétablir les faits au sujet de la violence, le décrochage scolaire, la garde des enfants, la conciliation travail-famille, la politique, la non-mixité, la trop souvent incomprise Journée internationale des femmes, et bien plus encore !

Parce que nous n'avons pas l'intention de baisser les bras devant une vision du monde génératrice d'oppression et de discriminations et que nous sommes convaincues que d'autres avenues sont possibles, nous sommes en marche, dans toute notre **diversité** et notre **pluralité**. Devant l'urgence de construire un autre monde, le féminisme s'avère plus nécessaire que jamais ! *Résistons* et créons, ensemble, pour l'**égalité** !

---

2. PEDNEAULT, Hélène. *Mon enfance et autres tragédies politiques*, Montréal, Lanctôt éditeur, 2004, p. 260.

1. LA PERSISTANCE DES INÉGALITÉS

On ne sait rien de l'admirable activité des femmes, et même les féministes ignorent les trois quarts de ce qu'ont fait, dans tous les ordres de préoccupations humaines, leurs aïeules, leurs mères... ou leurs contemporaines.

Marguerite Durand (1864-1936), journaliste féministe française, fondatrice en 1897 du journal *La Fronde*

Pourquoi est-ce encore si difficile, aujourd'hui, de faire reconnaître que l'égalité entre les femmes et les hommes n'est pas atteinte et qu'il faut continuer de tout mettre en œuvre pour la réaliser ? Pourquoi les acquis des femmes sont-ils sans cesse remis en question et pourquoi l'égalité n'est-elle pas la lutte de toutes et de tous ? Pourquoi le mythe de l'égalité-déjà-atteinte est-il si répandu, malgré les statistiques et les réalités des femmes qui montrent hors de tout doute qu'il n'en est rien ? Bref, pourquoi tant d'inégalités persistent-elles, et ce, au détriment des femmes ? Pourquoi est-ce si difficile de les voir ?

De grandes questions ! D'abord, la méconnaissance du féminisme et la méfiance à son égard demeurent, c'est le moins qu'on puisse dire ! Il n'est pas rare qu'on tente de nous faire croire que le féminisme est dépassé et qu'on entretienne des perceptions erronées, des plus farfelues aux plus hostiles, à l'endroit de ce mouvement et de ses militantes. À cette occultation de l'apport du mouvement féministe à la construction d'une société plus juste et plus égalitaire, s'ajoutent des mécanismes qui maintiennent et reproduisent les inégalités: patriarcat (la base de nos sociétés), discriminations, sexisme, socialisation différenciée, etc. Car bien que le mouvement féministe ait réalisé de formidables avancées pour les femmes au cours des dernières années, nous continuons d'évoluer dans une société foncièrement patriarcale, eh oui! Une société dans laquelle les leviers du pouvoir et les privilèges sont encore détenus par les hommes.

En accord ou sceptiques devant ces postulats? Curieuses d'en savoir plus? Allons voir de plus près de quoi il retourne!

1.1 Féminisme 101

Le féminisme, quel vaste sujet! Un sujet qui n'a de cesse de faire réagir! Que ce soit dans les médias, dans les milieux de travail et d'études, dans la famille ou entre ami.e.s, traiter de ce sujet, c'est comme parler de religion ou de politique; on risque d'en entendre des vertes et des pas mûres, de faire face à des mythes et des préjugés éculés et de passer à côté des réels enjeux. Lorsqu'il est question de féminisme ou de condition féminine, inévitablement, tout le monde a son opinion, peu importe sur quoi elle s'appuie. Les «experts» sont légion: des chroniqueurs aux politiciens, en passant par les «mononcles» dans les partys de famille, nombreux sont ceux qui prétendent détenir la vérité sur la condition féminine et l'égalité des sexes, et ce, bien mieux que les principales concernées. Niant plus souvent qu'autrement les inégalités persistantes, ils discréditent, surtout, l'expertise, les connaissances et les revendications de celles qui travaillent ou militent au quotidien pour améliorer les conditions de vie des femmes.

Pourtant, le féminisme n'est pas un fait divers, à commenter à tort et à travers. C'est un vaste champ de connaissances et de luttes, qui a profondément transformé la société (et qui continue de le faire), au bénéfice de toutes et de tous. Que ce soit par des écrits savants ou militants, par des femmes inspirantes et d'avant-garde dans différentes sphères d'activité ou de création ou par des luttes locales ou internationales, les féministes ont contribué à changer le visage de nos sociétés, à les rendre plus justes et égalitaires, et ce, contre vents et marées.

À la fois pour contrer les idées reçues et erronées sur le féminisme, pour transmettre l'histoire et la pertinence des luttes féministes ou pour raviver notre flamme militante, il importe de s'approprier ou de se réapproprier ces luttes collectives. Cette histoire, ces œuvres et ces victoires collectives, qui font partie de nous, qui ont façonné celles que nous sommes aujourd'hui. Prêtes pour des découvertes ou redécouvertes ? Mais attention... il pourrait y avoir quelques grincements de dents devant tant de résistances antiféministes, mais aussi beaucoup de fierté pour ces extraordinaires contributions féministes. Soyez averties !

1.1.1 Féminisme ou féminismes

Comment définir ce terme, **féminisme**, qui suscite tant de controverses ? Allons-y par étape et rétablissons les faits. Commençons par une définition toute simple : le féminisme est un mouvement social qui lutte pour **l'atteinte de l'égalité** entre les femmes et les hommes. Cette définition fait référence à un mouvement, il ne s'agit donc pas uniquement de théories, mais aussi de pratiques et d'actions voulant amorcer un changement social en faveur de l'établissement de l'égalité entre les femmes et les hommes. Pas trop menaçant, en fin de compte, le féminisme ! Sauf si vous avez intérêt à maintenir les inégalités...

À cela, nous pourrions ajouter ceci :

Être féministe, c'est :

- Exiger et soutenir d'abord et avant tout l'égalité entre les femmes et les hommes en prônant l'égalité de fait ;
- Reconnaître la capacité des femmes à déterminer leurs luttes et à contribuer à leur émancipation ;
- Agir collectivement pour que cesse toute situation de discrimination et de violence systémique envers les femmes.

Cette définition fait d'abord référence aux valeurs d'égalité. Pour les féministes, tous les êtres humains sont fondamentalement égaux.

C'est ainsi que toutes et tous devraient avoir les mêmes droits (égalité de droit) et la possibilité d'actualiser ces droits (égalité de fait). Ce dernier énoncé sous-entend que les sociétés telles qu'on les connaît actuellement, et ce, malgré les importantes avancées réalisées par les femmes pour l'atteinte de l'égalité, ne permettent pas la **réalisation pleine et entière des droits des femmes** et de leurs aspirations. Qu'au-delà des droits, demeurent des inégalités persistantes et des discriminations qui empêchent les femmes d'accéder à une réelle égalité.

Le deuxième élément de cette définition fait référence au **processus de libération des femmes**, car c'est bien de cela qu'il s'agit. Dans tout mouvement d'émancipation, il importe aux personnes et aux groupes discriminés de déterminer leurs priorités et leurs moyens de lutte. C'est un processus de reprise de pouvoir, d'affirmation, qui amène à prendre conscience de l'oppression vécue, des discriminations subies (individuellement et collectivement) et à développer de nouvelles façons de faire, **en dehors des rapports de pouvoir et de domination**. Cela sous-entend aussi que, si les hommes sont d'importants et nécessaires alliés dans cette lutte, tout comme les Blancs le furent dans la libération des Noirs, ils ne peuvent être à l'avant-scène et dicter la marche à suivre aux femmes. En filigrane de cette définition, il y a aussi un refus des femmes de se conformer au système patriarcal (système de privilèges et de pouvoir instauré par les hommes et pour les hommes, nous y reviendrons) et de se mouler au référent masculin. C'est ici que plusieurs (pour ne pas nommer les hommes) deviennent frileux avec le féminisme parce que cela implique le refus du *statu quo* et la fin des privilèges, donc une remise en question de notre vie en société, de nos normes, de nos valeurs…

Enfin, le dernier aspect de cette définition introduit la **dimension collective du féminisme**. Le féminisme, comme mouvement social, agit pour améliorer la qualité et les conditions de vie de toutes les femmes. Bien que partant d'une prise de conscience individuelle des inégalités envers les femmes, c'est par la collectivisation des luttes que des gains peuvent être obtenus. Bien que chaque femme ait un vécu différent, toutes évoluent dans une société patriarcale où des inégalités subsistent au désavantage des femmes, et sont susceptibles de se heurter à des obstacles ou à des violences qui sont dus à leur statut de femme. C'est à cela que le féminisme s'attaque, célébrant les réussites individuelles des femmes, mais réfutant l'idée du « quand on veut on peut », qui nie l'existence de barrières systémiques.

En effet, on parle de moins en moins d'égalité entre les femmes et les hommes, notion floue et souvent récupérée par les masculinistes et antiféministes pour revendiquer une égalité symétrique, mettant sur un même pied les problématiques spécifiques des femmes liées aux discriminations systémiques et les problèmes des hommes. D'autre part, la notion d'égalité entre les hommes et les femmes occulte les inégalités entre les femmes elles-mêmes et les autres systèmes d'oppression (capitalisme, racisme, colonialisme, etc.) qui sont à l'œuvre pour renforcer et maintenir les discriminations à l'égard des femmes. On parle donc plutôt d'égalité pour les femmes et entre les femmes elles-mêmes.

Le féminisme peut donc se décliner de plusieurs façons et les définitions que l'on peut en donner sont multiples et sont appelées à changer avec le temps, les luttes et les contextes sociopolitiques. À vrai dire, on devrait plutôt parler **des féminismes,** puisqu'il en existe toute une variété, tant sur le plan des théories que des pratiques. Il y a en réalité autant de manières de vivre et d'exprimer son féminisme qu'il y a de femmes dans le monde !

Ce qu'il importe de retenir c'est que les féministes souhaitent enrayer les inégalités que vivent les femmes afin qu'elles puissent jouir des meilleures conditions de vie qui permettront à chacune d'entre elles de s'épanouir dans les différentes sphères de la vie (travail, famille, couple, vie personnelle et publique, etc.). Voici les principaux champs d'action dans lesquels s'inscrivent les luttes féministes et quelques-unes des revendications qui y sont associées :

- **L'éducation et le travail**, puisque ce sont des leviers essentiels pour l'atteinte de l'autonomie économique des femmes et qu'à études et travail égal, les femmes n'ont toujours pas un salaire égal. Les Québécoises gagnent en moyenne 75 % du salaire des hommes[1].

- **La famille**, puisque les tâches domestiques, l'éducation des enfants et les soins aux proches – le travail invisible – sont encore majoritairement assumés par les femmes.
- **Les violences**, puisqu'elles s'exercent toujours envers les femmes de façon spécifique (violence conjugale, harcèlement, agressions sexuelles, exploitation sexuelle, etc.), qu'elles sont trop souvent banalisées, niées, impunies et que la violence demeure un des mécanismes de contrôle et de domination des femmes au sein des sociétés patriarcales.
- **La lutte à la pauvreté**, puisque les femmes sont en moyenne beaucoup plus pauvres que les hommes, de leur entrée sur le marché du travail à leur retraite, que le travail précaire, temporaire, atypique ou au salaire minimum est le lot de beaucoup trop d'entre elles.
- **La participation des femmes aux sphères de pouvoir**, puisque la représentation des femmes aux différents paliers de gouvernement et dans les entreprises stagne depuis plusieurs années.
- **La santé**, puisque l'accès à la contraception, à la maternité et à l'avortement est entravé pour plusieurs femmes et que leurs droits sont sans cesse menacés, parce que la pratique sage-femme et le développement des maisons de naissance sont sans cesse remis en question, parce que plusieurs femmes sont surmédicalisées ou souffrent de détresse psychologique élevée, notamment.
- **Les stéréotypes sexuels et sexistes**, puisque la société tente toujours de catégoriser les individus selon leur sexe et leur genre, exacerbant ainsi les différences entre les sexes et enfermant les individus dans des rôles et modèles qui sont non seulement contraignants, mais irréalistes. Aussi parce que les femmes sont plus que jamais objectivées, notamment par les publicités sexistes.
- **La lutte contre les systèmes d'oppression et les rapports de domination**, puisque l'action des différents systèmes tels que le patriarcat, le capitalisme, le colonialisme et le racisme maintient et renforce les discriminations envers les femmes, parce que plusieurs femmes sont discriminées sur la base de leur sexe, mais aussi de leur âge, de leur origine ethnique, de leur condition sociale, de leur orientation sexuelle, etc. Ces discriminations

peuvent se faire sentir lorsqu'elles souhaitent avoir accès à un logement, un emploi ou prendre la parole publiquement, etc.

Par ses luttes et ses actions, le féminisme a contribué notamment :

- à l'ouverture du champ des possibles pour les femmes ;
- à l'élaboration de modes de gestion et de pratiques démocratiques plus égalitaires ;
- à la diversité des modèles et des rôles sexuels pour les femmes et les hommes ;
- à l'amélioration des conditions de travail en exigeant des mesures de conciliation travail-famille, en développant des modes de gestion démocratiques/féministes, etc. ;
- à la construction de rapports de conjugaux et parentaux plus égaux, basés sur le partage des responsabilités, le dialogue et le respect mutuel.

Bref, à la **construction d'une société plus juste, égalitaire et solidaire**.

Le féminisme appelle à un véritable projet de société, à une transformation sociale animée par des valeurs de liberté, de justice, d'égalité, de solidarité et de paix. Comment alors ne pas se réclamer du féminisme ?

1.1.2 Ce mot qui fait tant jaser...

Il n'est pas rare d'entendre dire que le féminisme est dépassé et que peu de femmes, surtout les jeunes, s'identifient à ce mot galvaudé s'il en est un. On n'a de cesse de nous répéter, sur différentes tribunes et sur tous les tons, que le féminisme n'est plus d'actualité, que le mot fait peur, repoussant tant les hommes (qui ne se retrouvent pas dans ce mot aux consonances féminines) qu'une majorité de femmes (qui l'associeraient au radicalisme et lui accoleraient nombre d'épithètes péjoratives).

Or, ces propos laissent entendre qu'à un moment (béni) de l'histoire, le féminisme aurait été légitime, consensuel, voire célébré et reconnu, tant par les femmes que par la société en général. Il est permis d'en douter. En fait, discréditer le féminisme, en détourner le sens, le montrer en perte d'appui sont des stratégies antiféministes qui ont accompagné les féministes et les mouvements organisés de femmes à toutes les époques.

Comme la plupart des termes qui servent à désigner les groupes discriminés, infériorisés et marginalisés, le mot « féminisme » a d'abord été utilisé comme une insulte. Il semble que ce soit Alexandre Dumas fils qui l'employa pour la première fois en 1872, « comme néologisme pour fustiger les femmes qui dénoncent l'oppression du mariage et réclament le divorce[2] ». S'il est intéressant de savoir que ce mot était au départ une insulte, il est surtout formidable de renouer avec l'histoire des femmes et de voir que les militantes féministes, peu importe les noms qu'on leur donnait à l'époque ont mené des luttes bien avant que le mouvement des suffragettes s'organise et qu'elles affirmaient déjà que le privé était politique ! L'engagement des femmes pour l'égalité ne date donc pas d'hier et ce ne sont surtout pas des mots insultants qui les ont arrêtées ! À preuve, à peine quelques années plus tard, en 1892, « Hubertine Auclert s'en empare [du mot féminisme] pour caractériser l'action des femmes qui revendiquent des droits pour les femmes, et transforme l'injure en affirmation. Le concept se répand alors comme une traînée de poudre[3] ».

Les féministes se réapproprient donc ce terme avec fierté pour en faire le porte-étendard des luttes des femmes. Et c'est ce que les féministes font, de génération en génération. En fait, ce n'est pas tant le mot « féminisme » qui pose problème. C'est davantage l'action et les revendications des femmes pour l'égalité, qui ne cessent de déranger parce qu'elles bousculent l'ordre établi, qui se révèle nuisible aux droits, aux libertés, à l'autonomie et au respect des femmes.

Bien sûr, militer pour plus d'égalité, c'est remettre en question les fondements injustes et arbitraires de notre société et mettre en évidence la position des hommes comme détenteurs du pouvoir et des privilèges. Pour certains d'entre eux, il semble y avoir beaucoup plus à perdre dans cette quête d'égalité qu'à gagner. (Et pourtant…) C'est ainsi qu'à toutes les époques, des vagues antiféministes ont accompagné les féministes, tentant de saper leurs avancées et de discréditer leur mouvement. Il serait faux de croire que les attaques antiféministes sont récentes ou plus nombreuses ou agressives qu'avant. À ce sujet, Micheline Dumont relate cette anecdote savoureuse: Marie Gérin-Lajoie « conserve dans ses papiers un article de journal qui compare les membres du Conseil national des femmes du Canada (créé en 1893) "à d'horribles femmes modernes qui veulent établir la suprématie du genre féminin sur la terre"[4] ». Si on enlevait le mot « moderne », on pourrait croire que cette phrase a été écrite aujourd'hui et non il y a cent ans!

Ce mot, aujourd'hui comme jadis, a toujours divisé la population et les femmes elles-mêmes. Il y a toujours eu, à toutes les époques, des femmes à l'avant-garde, qui militaient pour l'égalité et d'autres qui entérinaient leur statut de gardiennes des traditions, de la morale et de la religion. D'ailleurs, diviser pour mieux régner est une stratégie vieille comme le monde, employée contre toutes les luttes pour plus de justice et d'égalité. On tente toujours d'opposer de soi-disant *vraies* femmes (il y a d'ailleurs un groupe de femmes conservatrices au Canada anglais qui a choisi comme nom *Real Women*) aux « méchantes » féministes. La bonne vieille rengaine de la majorité silencieuse pour maintenir le *statu quo* ou juguler les élans militants pour une réelle démocratie. Mais les femmes ne sont pas dupes. Elles l'endossent, le mot « féminisme » et ne sont pas prêtes à renoncer à leurs idéaux!

1.1.3 Un mouvement organisé, d'hier à aujourd'hui

Au Québec, comme ailleurs, le mouvement féministe est né de l'indignation des femmes par rapport au statut inférieur qui leur était conféré et au déni de leurs droits dans la société. Mais qu'est-ce que c'est au juste, le mouvement féministe?

Le mouvement féministe, c'est plus que l'ensemble des femmes et de leurs alliés qui croient en l'égalité et luttent pour abolir les rapports de domination. Le féminisme c'est aussi un **mouvement social** qui:

- milite pour l'amélioration des droits et des conditions de vie des femmes;

- revendique l'égalité, l'équité, la justice sociale et le partage du bien commun pour toutes et tous ;
- vise l'épanouissement de toutes les femmes dans les différentes sphères de leur vie (famille, travail, vie citoyenne, couple et vie personnelle) ;
- propose un projet féministe de société basé sur le respect et la liberté des femmes, des peuples et de la Terre.

Le mouvement féministe est un mouvement vaste et diversifié, dont les configurations changent selon les époques et les luttes. Ce mouvement, dès ses débuts (au milieu du XIXe siècle), englobe des luttes et des avancées bien plus nombreuses et plus vastes que ce que l'histoire relate, le réduisant trop souvent au mouvement pour la reconnaissance des droits, et notamment le suffrage. Ces luttes, nécessaires et importantes, se sont pourtant inscrites dans un mouvement aux revendications plus larges, touchant une pluralité de champs d'action et tous les aspects de la vie des femmes, tels la santé, l'éducation, le travail, la famille, etc. Le mouvement féministe au Québec, c'est aussi un mouvement composé de femmes de tous âges, de toutes origines, traversé par différents courants de pensée et animé de vigoureux débats qui proposent différentes perspectives, que ce soit, par exemple, sur la prostitution ou sur la place de la religion dans la société. Un mouvement toujours à l'avant-garde, qui dénonce haut et fort les inégalités et les injustices dont sont victimes les femmes, un mouvement qui refuse le *statu quo* de la domination et plaide pour l'émancipation des femmes, dans une société juste et solidaire. Voici quelques-uns des jalons du mouvement féministe organisé au Québec, d'hier à aujourd'hui :

- **1893** – La première organisation féministe est fondée au Québec. Il s'agit du ***Montreal Local Council of Women***, qui a pour objectif la conquête des droits civils et politiques des femmes. Cet organisme regroupe une majorité de femmes protestantes et anglophones, mais Marie Lacoste-Gérin-Lajoie, Joséphine Marchand-Dandurand, Caroline Béïque et Marie Thibaudeau en feront partie pendant un certain temps[5].

- **1902** – La première association de femmes noires voit le jour à Montréal, sous le nom de ***Colored Women's Club***. Les femmes noires et issues de la diversité culturelle ont forgé le mouvement féministe dès ses débuts, même si ce fait est souvent passé sous silence ; elles dénoncent les inégalités et les oppressions vécues par les femmes racisées, révélant par le fait même l'existence d'inégalités entre les femmes. De nombreux groupes et associations de femmes immigrantes ou racisées se mettent en place par la suite vers la fin des années 1980, dont plusieurs groupes locaux de femmes, de toutes origines et convictions religieuses.
- **1907** – C'est la fondation d'une première organisation féministe francophone et bien sûr… catholique (si on ne veut pas s'attirer les foudres du clergé) : la **Fédération nationale Saint-Jean-Baptiste**. Avec les militantes du *Montreal Local*, ces femmes engagées revendiquent la construction de bains publics pour améliorer les conditions d'hygiène (prévention des maladies), elles mènent des enquêtes sur les conditions de travail dans les manufactures (où les femmes endurent des conditions de travail épouvantables), mettent sur pied les premières « gouttes de lait », des cliniques de puériculture (pour réduire la mortalité infantile et la misère) et mènent des campagnes contre les débits de boisson (qui contribuent à la misère des familles et à la violence envers les femmes et les enfants)[6]. Sans le savoir, elles jettent les bases du mouvement des femmes organisé tel qu'on le connaît aujourd'hui, ne laissant de côté aucun des aspects inégalitaires de la vie des femmes. Elles ont fait un travail infatigable de sensibilisation et d'action. Elles ont ouvert la voie à une pluralité de revendications, que les groupes autonomes de femmes, les femmes dans le syndicalisme et les militantes féministes de tous horizons, continuent de porter aujourd'hui.
- **1922** – Fondation du **Comité du suffrage provincial** par Marie Lacoste-Gérin-Lajoie, Thérèse Casgrain et Anna Scrimger Lyman (que les livres d'histoire appellent Madame Walter Lyman), auquel se joint rapidement Idola Saint-Jean. Ce comité milite pour le droit de vote et d'éligibilité des femmes au Québec. À travers ces revendications, les femmes se familiarisent avec

les aléas de la politique, la rédaction d'avis et de mémoires, les commissions parlementaires, les tractations politiques et l'art oratoire. Elles mènent aussi de vastes campagnes d'éducation populaire auprès des femmes, tant dans les milieux ruraux qu'urbains, pour susciter leur appui au droit de vote. Leur travail a porté fruit en 1940 (nous y reviendrons à la section 1.3.1), mais la politique demeure une chasse gardée masculine. C'est pourquoi, actuellement, des organisations et des groupes de femmes militent en faveur d'une représentation égalitaire et diversifiée des femmes dans les lieux de pouvoir et revendiquent des mesures pour assurer la parité et soutenir les femmes qui investissent ces lieux. Les femmes dans les sphères de pouvoir ont aussi senti le besoin de se regrouper et de se solidariser, au-delà de leur allégeance politique, pour faire avancer leurs revendications ; c'est le cas notamment du **Cercle des femmes parlementaires** à l'Assemblée nationale du Québec.

- **1952** – Les femmes des centrales syndicales décident de se doter d'une instance non mixte pour élaborer et porter les revendications et les voix des femmes, trop peu à l'ordre du jour ou diluées dans les revendications générales. C'est la naissance des **comités femmes dans les syndicats**, dont le premier voit le jour à la Confédération des syndicats nationaux (CSN). Si l'action des femmes dans ces comités est plutôt timide au départ, de nombreux comités femmes se mettent en place dans les années 1970 dans la plupart des centrales syndicales. Puis, les femmes des centrales syndicales se donnent des mécanismes de solidarité pour travailler ensemble. Elles fondent l'Intersyndicale des femmes, qui regroupe sept centrales syndicales[7] ; elles s'investissent dans le Collectif 8 mars (responsable du thème et des outils d'éducation et d'action de la Journée internationale des femmes), la campagne des 12 jours d'action contre les violences envers les femmes et la Marche mondiale des femmes, notamment, en plus de contribuer à l'éducation politique de milliers de femmes à travers le Québec. Dans la foulée, des comités femmes voient aussi le jour dans des associations étudiantes, ainsi que dans des camps de formation féministe, toujours très actifs aujourd'hui.

- **1966** – Création de **groupes féministes provinciaux,** issus à l'origine d'une mouvance féministe libérale ou égalitaire, qui tentent de fédérer les femmes entre elles autour de revendications communes : par exemple l'Association féminine d'éducation et d'action sociale (**AFEAS**) et la Fédération des femmes du Québec (**FFQ**). Ces associations sont toujours actives aujourd'hui.
- **1968** – Après des années de politiques colonialistes envers les peuples autochtones, lesquelles ont bafoué leur culture, leur gouvernance et leurs territoires en plus d'imposer (et imposent toujours) des normes encore plus restrictives aux femmes autochtones de même que des discriminations et des violences systémiques, les femmes autochtones organisent leurs luttes pour la reconnaissance de leurs droits avec l'**Equal Rights for Native Women** fondé par **Mary Two-Axe Early** de Kahnawake. Puis, en 1974, elles créent l'association **Femmes autochtones du Québec** (FAQ). Quelques années plus tard, la Fédération des femmes du Québec et Femmes autochtones du Québec tisseront des liens de solidarité et s'entendront sur des principes de collaboration et d'appui réciproques, des solidarités qui ont grandi avec le temps. Les luttes autochtones trouvent un nouveau souffle et une nouvelle voie à travers le mouvement ***Idle No More***, né en 2013 à l'initiative de femmes autochtones au Canada puis du Québec ; ce mouvement vise un rapprochement entre autochtones et allocthones dans les luttes contre le colonialisme, le racisme, le capitalisme et le néolibéralisme qui s'attaquent à la liberté et aux conditions de vie des peuples tout en mettant en péril l'environnement. Ce mouvement vise aussi à faire connaître et à dénoncer les effets persistants des politiques colonialistes sur les peuples autochtones[8], dont les femmes sont les premières touchées.
- **1969** – C'est la création du **Front de libération des femmes** (FLF) qui se revendique du féminisme radical et lie la libération des femmes à un changement global de la société, ce qu'illustre ce slogan célèbre : « Pas de libération des femmes sans libération du Québec ! Pas de libération du Québec sans libération des femmes[9] ! ». Ces féministes revendiquent l'égalité sur tous les fronts : l'accès à l'éducation, à la contraception, à l'avortement, au

travail (garderies et équité salariale) et dénoncent haut et fort les discriminations flagrantes dont sont victimes les femmes. Elles se font connaître par leurs actions d'éclat où elles n'hésitent pas à utiliser la désobéissance civile, notamment lors de l'action du « banc des jurés[10] », qui dénonce le fait que les femmes ne peuvent être juré et donc, lors de procès, sont jugées par des hommes uniquement. Le Front de libération des femmes s'exprime par la publication de la revue *Québécoises deboutte!*, qui ouvrira la voie à d'autres publications radicales, comme les *Têtes de pioche* (1976-1979), *Des luttes et des rires de femmes* (1977-1981), *La Vie en rose* (1980-1987). Aujourd'hui, cette tradition se poursuit avec *Je suis féministe*, les *Hyènes en jupons* ou *Les hystériques*, par exemple. C'est aussi dans cette foulée d'une prise de parole engagée et radicale des femmes que naît le **Théâtre expérimental des femmes** (fondé en 1979, aujourd'hui l'Espace GO) qui met la création collective des femmes à l'honneur. Ce théâtre a permis la construction d'une solide dramaturgie féministe et a ouvert la voie à de nombreuses comédiennes, dramaturges, metteures en scène, romancières, humoristes et artistes de tous horizons qui contribuent à exprimer le vécu et la voix des femmes (nous y reviendrons à la section suivante). Soulignons aussi en 1973 la création de **Vidéo Femmes**, dédié à la production de documentaires féministes et d'œuvres de fiction, réalisés par et pour les femmes, organisation toujours active aujourd'hui et quelques années plus tard, la création des **Éditions du remue-ménage**, qui donneront accès à des œuvres, des perspectives et des savoirs féministes, de tous horizons.

- **1972** – Des militantes du Front de libération des femmes fondent le premier centre de femmes à Montréal. Par la suite, sont mis sur pied plusieurs groupes autonomes de femmes, d'abord au niveau local, tels : les maisons d'hébergement pour femmes victimes de violence conjugale et leurs enfants et pour les femmes en difficulté, les centres d'aide et de lutte contre les agressions sexuelles, des organismes d'employabilité pour femmes, etc. Puis vers la fin des années 1980, les groupes locaux se réunissent pour se doter d'une instance de concertation régionale pour agir ensemble, solidariser leurs luttes et porter les voix des femmes auprès des autorités concernées afin de faire prendre en compte les réalités spécifiques des femmes. Ensuite, sont mises sur pied des tables régionales de groupes de femmes ou de concertation du mouvement des femmes (elles ont chacun leur nom bien à elles), dans chacune des 17 régions du Québec : des organismes de défense collective des droits des femmes. C'est aussi la naissance des regroupements provinciaux de groupes de femmes visant à réunir les groupes travaillant sur des problématiques communes. Cette diversité de groupes sur le terrain, que l'on nomme souvent le mouvement des femmes organisé, a permis (et permet toujours) un vaste travail d'éducation populaire, une reprise de pouvoir des femmes sur leur vie, la documentation du vécu, de l'oppression des femmes et des inégalités persistantes et la proposition de pistes d'action par le biais de rédaction d'avis, de mémoires, de recherches et de mobilisations. Ces groupes représentent une riche expertise en matière de condition féminine et d'égalité, ce sont de formidables lieux de travail et de militance pour de nombreuses femmes au Québec.

- **1983** – Création du **Centre de documentation sur l'éducation des adultes et la condition féminine** (CDÉACF), véritable mémoire collective du mouvement féministe. Une mine d'or d'informations : du dépliant militant à la chronique déjantée et au mémoire politique, en passant par des recherches et des portraits faisant état des savoirs scientifiques et des pratiques des femmes. C'est à la fois un centre d'archives et une vitrine virtuelle sur l'actualité féministe au Québec. La même année, c'est aussi la fondation du **Collectif des femmes immigrantes**, premier organisme voué à la défense des droits des immigrantes au Québec.
- **1986** – Une première organisation regroupant des femmes vivant avec des handicaps voit le jour au Québec : **Action des femmes handicapées** (Montréal). Cette association a pour objectif de favoriser l'autonomie des femmes handicapées et leur participation tant à la société que dans le mouvement féministe. En 2008, un regroupement national se met en place pour défendre les droits des femmes handicapées et créer un réseau de solidarité,

l'Alliance des femmes handicapées du Québec. L'égalité ne peut se faire qu'avec toutes les femmes…

En dépit des mesures d'austérité qui frappent de plein fouet les femmes, les groupes qui défendent leurs droits ainsi que les organismes qui leur viennent en aide et malgré les embûches et les attaques antiféministes, le mouvement féministe ne cesse de s'enrichir et de se diversifier, au Québec comme ailleurs ! Par ses instituts et ses chaires de recherche, par des associations bénévoles ou affinitaires qui regroupent une pluralité de points de vue et de luttes, de réformistes à anarchistes. Par des groupes ancrés depuis plusieurs années dans leur communauté et d'autres qui voient le jour dans la foulée d'une conjoncture ou d'une problématique criante, des groupes de discussion et d'action sur les réseaux sociaux, des groupes de femmes racisées, marginalisées, des groupes mixtes et non mixtes, des groupes locaux ou altermondialistes. Par des blogueuses, des journalistes, des femmes qui investissent des chasses gardées masculines, des artistes engagées, des femmes de pouvoir… Une alliance de femmes et de groupes qui prennent la parole, démarrent des projets et s'investissent sans relâche pour améliorer les conditions de vie des femmes, mais surtout, pour contribuer à une véritable transformation sociale, pour une société exempte d'inégalités et de violences. Bref, c'est un mouvement éclaté, évolutif, pluriel, à l'image des femmes qui le composent !

Pour en savoir plus sur le mouvement féministe au Québec, ses luttes et ses gains :

- BAILLARGEON, Denyse. *Brève histoire des femmes au Québec*, Montréal, Boréal, 2012.
- COLLECTIF CLIO. *L'histoire des femmes au Québec depuis quatre siècles*, Montréal, Éditions du Jour, 1992.
- CONSEIL DU STATUT DE LA FEMME. *La constante progression des femmes*, Gouvernement du Québec, 2013.
- DUMONT, Micheline. *Le féminisme québécois raconté à Camille*, Montréal, Éditions du remue-ménage, 2005.

- RÉSEAU QUÉBÉCOIS EN ÉTUDES FÉMINISTES et CONSEIL DU STATUT DE LA FEMME. *Ligne du temps de l'histoire des femmes au Québec*, 2015. <www.histoiredesfemmes.quebec>.
- RELAIS-FEMMES. *Le féminisme ça clique*, 2006. <www.relais-femmes.qc.ca/FADAFEM>.

1.1.4 Des femmes à l'avant-garde

Les luttes des femmes pour plus de justice, de liberté et d'égalité ont toujours existé. Aussi loin que les écrits en témoignent, il y a toujours eu des femmes qui ont refusé de croire à une infériorité naturelle et qui ont tenté de réhabiliter les compétences et le savoir des femmes. Pourtant, la société patriarcale androcentrique, c'est-à-dire centrée autour de l'identité et des valeurs masculines, qui identifient l'homme comme étant la norme, n'a eu de cesse d'occulter, de conspuer, voire d'interdire les écrits et les savoirs des femmes. Cette occultation systématique de l'histoire de l'émancipation des femmes nous porte à croire que les luttes pour l'égalité sont récentes et que la contribution des femmes au savoir n'a pris son élan qu'après les luttes pour leur libération.

Or, de tout temps, des femmes ont cru qu'elles étaient fondamentalement égales aux hommes. À toutes les époques, des femmes ont refusé d'être infériorisées et ont aspiré à plus de liberté. Il est d'ailleurs faux de croire que les femmes ont toujours été assignées exclusivement à la sphère domestique. Si les soins aux enfants et les responsabilités domestiques leur ont presque toujours été attribués au sein de la famille, le modèle pourvoyeur-ménagère n'est que très récent sur le plan historique, étant apparu après l'avènement des sociétés industrialisées en Occident. Auparavant, la majorité des femmes, sauf celles de l'aristocratie ou de la bourgeoisie, travaillaient. La vie étant rude, le travail de toutes et de tous, y compris celui des enfants, était nécessaire. Les femmes pratiquaient donc tous les métiers, quoique le plus souvent dans l'ombre ou sous le joug de leur mari. On n'a qu'à penser aux femmes des Premières Nations et à celles qui ont peuplé la Nouvelle-France, elles étaient loin de chômer !

Pourtant les connaissances et le savoir des femmes n'ont eu de cesse d'être rabaissés, détournés ou récupérés. Pensons simplement au savoir ancestral des femmes à propos du soin par les plantes, ainsi qu'aux connaissances en matière de contrôle des naissances et d'accouchement. Les femmes, tout comme les peuples autochtones, ont vécu un véritable processus d'acculturation, niant leur liberté et leur nature profonde, c'est-à-dire leur capacité de penser et de s'autodéterminer. Un exemple criant est celui de la **pratique sage-femme**. En effet, jusque dans les années 1850 au Québec, où la pratique tente de se professionnaliser, les sages-femmes assistaient la majorité des accouchements et détenaient un vaste savoir en matière de planning des naissances (fertilité, méthodes de contraception, avortement, etc.). Le puissant lobby des médecins pour s'approprier ces actes, qui pouvaient s'avérer lucratifs, a tôt fait de reléguer les sages-femmes dans l'illégalité, faisant passer la grossesse et l'accouchement d'un processus physiologique naturel à une maladie que l'on doit traiter, et dépossédant ainsi les femmes de leur pouvoir sur leur corps. Même si la pratique sage-femme est reconnue aujourd'hui, les pratiques autorisées sont bien en deçà des revendications des années 1850[11], notamment en ce qui a trait au contrôle des naissances.

Et que dire de toutes ces femmes rejetées, littéralement déchues, parce qu'elles se retrouvaient enceintes sans être mariées ? Des femmes reléguées à la misère, à la honte car plus souvent qu'autrement abandonnées par leur famille et le père de l'enfant. Des femmes sensibles à leur sort injuste et à celui de leurs enfants (des bâtards) ont dédié leur vie à la réhabilitation de celles que l'on disait de « mauvaise vie ». C'est le cas de **Rosalie Cadron-Jetté** (1794-1864), sage-femme et infirmière, qui accueille des filles mères chez elle et en place plusieurs dans des familles, le temps de leur grossesse et de leur accouchement. Elle fonde par la suite l'hospice Sainte-Pélagie à Montréal, qu'elle porte à bout de bras pendant de nombreuses années. Les filles mères ont longtemps été contraintes de s'exiler pour cacher leur grossesse et de donner leur enfant en adoption, des pratiques qui étaient encore courantes dans les années 1970.

Si les savoirs pratiques des femmes demeurent trop souvent occultés, l'oubli de leur contribution au savoir est abyssal. Combien d'auteures, de chercheures, de créatrices, de pionnières pouvons-nous nommer ? Douze prix Nobel ont été remis à des femmes avant 1950, en physique, en chimie, en médecine, en littérature, pour la paix, le saviez-vous ? À part Marie Curie, la première femme récipiendaire, pour sa découverte du radium, les connaissez vous[12] ? Encore aujourd'hui, les femmes ne représentent que 4 % des récipiendaires des prix Nobel. Plus près de chez nous, combien de fois entend-on parler de l'importante contribution de la première femme diplômée en médecine au Québec ? Il s'agit de **Maude Abbott** (1869-1940), à qui l'on avait interdit de pratiquer son métier, mais qui est connue dans le monde entier pour ses travaux de recherche sur les maladies cardiovasculaires. Pourtant, ces femmes avant-gardistes ont bel et bien existé et leur contribution féministe est étonnante, au vu de leur époque. Voici quelques exemples[13] de revendications portées dans les écrits des femmes, bien avant l'émergence des mouvements féministes organisés, des revendications malheureusement toujours d'actualité :

- **1404 – Christine de Pisan**, en France, publie *La Cité des Dames,* pour réhabiliter les femmes et faire reconnaître leurs mérites.
- **1760 – Aphra Behn**, une Anglaise, écrit *Le mariage forcé ou le mari jaloux,* une pièce dans laquelle elle dénonce les conditions injustes faites aux femmes britanniques dans les relations maritales.
- **1791 – Olympe de Gouges** propose une *Déclaration des droits de la femme et de la citoyenne* pour élargir aux femmes les droits reconnus aux hommes par la *Déclaration des droits de l'homme* issue de la Révolution française de 1789 (basée plutôt sur la notion de fraternité que sur celle d'égalité, à vrai dire). Il est navrant que, lorsqu'on pense à cette période de l'histoire, on se rappelle davantage Robespierre, Louis XVI ou Marie-Antoinette (qu'on ne peut qualifier de figure de militante !), plutôt qu'une femme comme Olympe de Gouges, qui a ouvert la voie à l'émancipation des femmes. D'autres femmes très importantes, comme Laura Bassi, première femme professeure d'université en Europe en 1732 (sciences), demeurent inconnues, alors qu'elles ont inspiré des générations de femmes.

- **1792** – **Mary Wollstonecraft** écrit ce qui est souvent présenté dans la littérature anglophone comme le premier manifeste féministe de l'ère moderne : *A Vindication of the Rights of Woman.*
- **1882** – L'Américaine **Elizabeth Stanton** publie *The Problem of Men*, manifeste dans lequel elle formule un véritable programme de libération des femmes et réclame leur droit de penser et de parler pour elles-mêmes.

Des titres et des sujets de livres qui sèmeraient tout autant la controverse aujourd'hui ! Comme quoi les mentalités évoluent très lentement. Écrire, à une époque où la sphère publique était interdite aux femmes, était en soi un acte subversif. Plusieurs d'entre elles ont pris un nom de plume pour que leurs écrits soient publiés. On peut penser notamment à **Éva Circé-Côté** (1871-1949) au Québec, journaliste libre penseuse, poète, syndicaliste et féministe, qui sous le couvert de différents pseudonymes, publie plus de 50 articles par année dans le journal syndical *Le Monde ouvrier*, dénonçant les mauvaises conditions de travail, les injustices vécues par les femmes, le racisme et la xénophobie. Elle réclame l'accès à l'éducation pour toutes et tous, fustige les propos antiféministes qui s'opposent au droit de vote des femmes et est une ardente défenderesse de l'émancipation des femmes. On peut penser aussi à **Henriette Dessaulles** (1860-1946) ; pionnière du journalisme et de l'écriture au féminin, elle signe des textes dès 1910 dans *Le Devoir* sous le pseudonyme de Fadette ou à **Robertine Barry** (1863-1910), première journaliste québécoise, à vivre de sa plume par le biais de ses publications hebdomadaires dans le journal *La Patrie* et l'une des 16 journalistes canadiennes[14] qui fondent le *Canadian Women Press Club* qui vise à encourager la profession journalistique auprès des jeunes femmes et à promouvoir l'égalité des femmes dans les médias. Le travail de ces femmes remarquables a ouvert la voie à d'autres pionnières telles qu'**Emma Gendron** (1904-1952), journaliste, scénariste et cinéaste, qui a fait l'une des contributions cinématographiques les plus importantes en signant le scénario de deux des trois premières œuvres de fiction québécoises ou encore, **Judith Jasmin** (1916-1972), première femme journaliste correspondante à l'étranger. Des femmes parmi tant d'autres à découvrir !

Et que dire des créatrices, qui par leur art ou par leurs mots ont bouleversé l'ordre établi ? Des femmes qui ont refusé d'être cantonnées à la sphère domestique, ont voulu se réaliser à travers leur art et qui, par le fait même, ont inspiré des générations de femmes. Pensons notamment à **Mary Rose-Anna Travers** (1894-1941), mieux connue sous son nom d'artiste La Bolduc, une des premières artistes populaires au Québec, qui, par ses nombreuses chansons au franc-parler et à l'humour manifeste, a su gagner le cœur des Québécois.e.s. Il en va de même pour **Rose Ouellette** (1903-1996), La Poune, reine du théâtre burlesque et première femme québécoise à diriger un théâtre en 1936 : le Théâtre National à Montréal, qui ouvrira la porte, des années plus tard, à des femmes humoristes qui sauront placer le vécu des femmes au cœur de leur art, comme **Clémence DesRochers** (née en 1933), une des premières femmes humoristes, qui s'attaque à la vision traditionnelle du rôle des femmes dans la société. D'autres, peut-être moins connues du grand public, ont laissé leur marque et connu des carrières internationales, comme **Emma Lajeunesse** (1847-1930), première cantatrice québécoise, et **Rita Letendre** (née en 1928), artiste peintre d'ascendance autochtone, pionnière de la peinture abstraite au Québec, qui se joindra au mouvement automatiste.

À ce propos, on oublie souvent l'aspect révolutionnaire de la contribution des **sept femmes signataires du manifeste *Refus global***[15] (1948). Elles ont dénoncé le conservatisme religieux et moral qui entravait la création dans un Québec où régnait l'obscurantisme, tout en faisant face à l'opposition de leurs collègues masculins, même dans le mouvement automatiste. Ces femmes ont non seulement tenu tête en défiant les conventions, mais elles ont provoqué une véritable révolution dans leur champ artistique respectif, que ce soit par la danse pour **Françoise Riopelle** (née en 1927), à qui l'on doit la création du département de danse de l'UQAM, et **Jeanne Renaud** (née en 1928), pionnière de la danse moderne au Québec, ou par les arts visuels pour **Marcelle Ferron** (1924-2001), artiste peintre de renommée internationale, passionnée par les jeux de lumière, dont on peut admirer les œuvres en vitrail dans quelques stations de métro de Montréal, ou encore par un parcours multidisciplinaire atypique comme celui de **Françoise Sullivan**.

On ne peut passer sous silence les œuvres théâtrales fracassantes des années 1970 qui donnaient enfin la parole aux femmes, faisaient la lumière sur leur vécu et s'attaquaient aux stéréotypes sexistes, notamment dans *La nef des sorcières*[16], *Les fées ont soif* de **Denise Boucher** ainsi que dans les nombreuses pièces de théâtre féministes de **Pol Pelletier**. Il en va de même de la plume audacieuse et acérée de **Louky Bersianik** (1930-2011), à qui l'on doit *L'Euguélionne*, premier grand roman féministe québécois, et d'**Hélène Pedneault** (1952-2008), auteure, compositrice, dramaturge, polémiste féministe et environnementaliste avant l'heure, qui nous a laissé par ses œuvres un matrimoine exceptionnel, nous léguant notamment la chanson thème de la marche *Du pain et des roses* en 1995, pour ne nommer que celle-là. Il y aurait tant de femmes inspirantes à mentionner (que l'on pense aux écrivaines **Gabrielle Roy** (1909-1983), **Anne Hébert** (1916-2000) ou **Marie-Claire Blais** (née en 1939), à **Pauline Julien** (1928-1998), à la voix puissante et à la remarquable sensibilité, ou à **Nicole Brossard** (née en 1943), poète plus grande que nature), des femmes qui ont contribué et contribuent encore à façonner la culture québécoise. Nous nous contenterons de vous inviter à les lire.

Tout comme le silence sur la contribution des femmes à la science, aux savoirs et à la création persiste, leur contribution sociale et historique est aussi occultée. Bien que l'histoire des femmes soit largement documentée, les noms des pionnières et leurs réalisations demeurent absents de la mémoire collective. Un exemple flagrant est la reconnaissance, pour le moins tardive, de **Jeanne Mance** (1606-1673) à titre de cofondatrice de Montréal... en 2012, soit près de 375 ans plus tard ! Qui par ailleurs connaît le nom de la première femme écrivaine au Québec ? Qui a entendu parler de **Marie Morin** (1646-1730) ? Celle à qui l'on doit les plus riches et précieux renseignements sur la vie au XVIIe siècle à l'époque de la Nouvelle-France, qui a rédigé *Les annales de l'Hôtel-Dieu* en plus d'être ce que l'on appellerait aujourd'hui une femme d'affaires aguerrie (ayant supervisé les travaux d'expansion de l'Hôtel-Dieu).

Parlant de femmes d'affaires, combien de fois fait-on référence à **Dorimène Roy-Desjardins** (1858-1932) lorsqu'il est question de la création des Caisses Desjardins, actuellement le plus grand employeur privé au Québec ? Tout le monde connaît le nom de son mari, que l'on présente comme le fondateur unique de cette grande coopérative d'épargne et de placements, mais pourtant Dorimène est cofondatrice à part entière et sans elle, qui s'est occupée pendant de nombreuses années du secteur des prêts, l'entreprise n'aurait sans doute pas eu le succès qu'on lui connaît aujourd'hui. Il en va de même de la contribution peu connue d'**Ida Steinberg** (1885-1942), cette immigrante juive d'origine hongroise qui ouvre en 1917 un comptoir d'épicerie à Montréal pour subvenir aux besoins de ses enfants, donnant naissance ainsi à la plus grande chaîne d'épiceries au Québec (avec 135 succursales), qui existera jusque dans les années 1980.

L'occultation des femmes de l'histoire se reflète aussi dans la toponymie (noms attribués aux rues, bâtiments et lieux publics). Une infime proportion des lieux publics sont nommés en l'honneur des femmes, souvent après des campagnes de longue haleine, comme ce fut le cas pour un pont de l'autoroute 30 qui porte le nom de **Madeleine Parent** (1918-2012), syndicaliste et féministe de la première heure.

Pourtant, on le voit bien, les femmes qui ont contribué à façonner le Québec sont plutôt la norme que l'exception. Nombreuses sont celles qui ont bravé les obstacles et les contraintes de l'époque pour lutter pour la justice sociale et améliorer les conditions de vie des plus vulnérables. Des femmes ont fondé des institutions qui ont transformé notre société. Pensons notamment à **Émilie Gamelin** (1800-1850), à qui l'on doit la fondation de trois refuges pour les femmes âgées et infirmes, qui s'est souciée du sort des malades, des prisonniers et prisonnières et des malades mentaux. Ou à **Irma Levasseur** (1878-1964), pédiatre, qui s'est attaquée à la mortalité infantile et a cofondé les hôpitaux Sainte-Justine à Montréal et de l'Enfant-Jésus à Québec, de même qu'à **Laure Gaudreault** (1889-1975), institutrice en milieu rural dès l'âge de 16 ans, qui fondera le premier syndicat d'institutrices en 1936 et travaillera sans relâche à améliorer leurs conditions de travail. Ce syndicat, qui change de nom au fil des ans, deviendra rapidement le plus grand syndicat des enseignant.e.s du Québec, que l'on connaît maintenant sous le nom de Centrale des syndicats du Québec (CSQ). Nous pourrions continuer la liste longtemps tant sont nombreuses ces femmes, peu ou pas connues, qui ont contribué à ouvrir des portes, à faire évoluer les mentalités, à transformer la société…

C'est en partie pour pallier ce manque de mémoire, mais aussi pour enrichir les savoirs féministes et tenter d'ouvrir de larges brèches dans les savoirs dominants, que des programmes d'études des femmes et *women studies*, puis d'études féministes et de *gender studies* ont vu le jour dans les années 1990. Ces programmes multidisciplinaires et leurs professeures, souvent regroupés en instituts ou chaires de recherche, ont contribué à diffuser les savoirs féministes et à transmettre l'histoire des luttes et des théories féministes à des milliers de jeunes et moins jeunes.

Les savoirs et les contributions des femmes ont radicalement changé le visage des sociétés modernes, au bénéfice de toute la population. Il est impératif que ces savoirs ne soient plus des savoirs parallèles, mais qu'ils constituent les fondations de notre savoir collectif. Une société posant l'égalité entre les sexes comme valeur fondamentale devrait revoir son histoire et les façons de la transmettre pour rendre visible et reconnaître, enfin, la contribution de la moitié de la population. Et quelle colossale contribution !

1.1.5 Les théories féministes

Plusieurs courants de pensée cohabitent à l'intérieur des mouvements féministes, reflet du foisonnement d'idées, de luttes et de façons d'être femme et féministe ! Les théories et les savoirs féministes sont des terrains en constante évolution, qui représentent une des plus grandes contributions à la pensée au XXe siècle, par les changements de paradigmes qu'ils apportent. Chaque courant de pensée analyse les causes des discriminations ou des atteintes aux droits des femmes par un prisme différent, qui fera émerger des champs de lutte et des revendications diversifiées, mais, plus souvent qu'autrement, complémentaires. Cette multiplicité d'analyses pousse les féministes à penser et à surmonter les tensions et contradictions inhérentes aux luttes pour l'atteinte de l'égalité pour toutes les femmes. Cela démontre aussi comment ces théories sont enracinées dans la pratique et s'alimentent les unes les autres. Voici un bref survol des principales théories féministes et de leurs répercussions, tant sur les savoirs que sur les transformations sociales.

Le féminisme libéral ou égalitaire

Le féminisme libéral ou égalitaire est celui qui caractérise notamment le mouvement des suffragettes du début du XXe siècle. Il prône l'égalité complète entre les femmes et les hommes. C'est ainsi que ces féministes rejettent l'idée d'une nature inférieure des femmes et les discours aux prémisses biologiques qui réduisent leurs capacités et leurs sphères d'action. Ce courant, qui est plus tourné vers l'action que vers la théorie, revendique entre autres la modification des lois pour permettre aux femmes d'accéder aux mêmes droits que les hommes. Il revendique pour les femmes l'accès à la citoyenneté (être reconnue comme une personne, droit de vote et d'éligibilité), le droit de faire des études et d'exercer la profession de leur choix. Avec l'obtention de plusieurs droits et d'une certaine autonomie financière, le féminisme libéral se transforme au début des années 1960 et revendique des réformes (réformes du Code civil, droit de la famille, droit du travail, etc.). Les féministes égalitaires remettent aussi en question la socialisation différenciée des filles et les rôles traditionnels féminins. Elles militent pour l'actualisation des droits des femmes, c'est-à-dire pour passer d'une égalité de droit à une égalité de fait, en s'attaquant aux obstacles qui freinent l'accès des femmes à l'égalité. Par exemple, elles revendiquent qu'à travail équivalent, il y ait un salaire égal pour les femmes (équité salariale) ou que des mesures facilitent l'accès des femmes aux métiers traditionnellement masculins et aux sphères de pouvoir.

Le féminisme radical

Même si plusieurs courants féministes sont radicaux au sens où ils visent un changement à la racine des problèmes, le mouvement que l'on dit le plus souvent radical émerge à la fin des années 1960. Le féminisme radical est un « courant de pensée qui pose les femmes en tant que classe politique dominée par la classe des hommes et définit les rapports de sexe comme des rapports de pouvoir[17] ». Les féministes radicales ne revendiquent pas seulement les mêmes droits que les hommes, elles veulent définir, comprendre et transformer la racine de l'oppression qu'elles vivent, c'est-à-dire le patriarcat. Ce courant féministe souhaite repenser les termes de notre vie en société en identifiant les mécanismes et les institutions (le mariage, l'Église, la maternité, etc.) qui reproduisent, de façon systémique, les discriminations et les inégalités envers les femmes. Il ne s'agit donc plus seulement de vouloir un accès égal pour les femmes dans les différentes sphères de la société, mais de questionner les bases mêmes de l'organisation sociale et les institutions qui la représentent. Pour ces féministes, « Le privé est politique. Des revendications qui font apparaître des problèmes vieux comme le monde mais qui avaient été bien dissimulés pendant des millénaires : la violence conjugale, le viol, le harcèlement sexuel, l'avortement, la santé des femmes, la prescription implicite aux responsabilités domestiques pour les femmes[18] ». Les féministes radicales, dont les théories et les pratiques se déclinent en plusieurs nuances (matérialiste, marxiste, lesbien, etc.), militent pour un projet de société qui rejette l'ordre patriarcal et les rapports de domination. C'est de cette volonté de créer des espaces sécuritaires pour les femmes, de leur permettre une reprise de pouvoir, que sont nés la plupart des groupes autonomes de femmes (centre de femmes, maisons d'hébergement pour femmes victimes de violence conjugale, centres d'aide et de lutte pour les victimes d'agressions sexuelles-CALACS), etc. et la gestion féministe[19].

Le féminisme de la différence, de la fémelléité ou de la spécificité

Ce courant de pensée émerge au début des années 1970, en souhaitant s'attaquer aux effets dévastateurs de l'ordre patriarcal qui a occulté et dévalué le savoir des femmes et les valeurs dites féminines. Ce courant de pensée, qui est surtout littéraire et artistique, s'appuie sur une conception de la différence des sexes et souhaite valoriser la nature ou la source créatrice dite féminine. C'est aussi une volonté de réappropriation des savoirs traditionnels féminins (le tricot, la couture, le soin par les plantes et le savoir sur l'accouchement, etc.) et de valorisation des rôles et compétences attribués aux femmes (les soins, les tâches domestiques, l'éducation, la maternité, etc.). Des féministes de ce courant, tout comme les féministes marxistes (qui articulent autrement cette question), défendent l'idée d'un salaire pour les femmes au foyer, pour la reconnaissance de leur rôle d'éducation et de soin, notamment. Ce sont des questions qui ont révélé des tensions et des contradictions dans le mouvement des femmes, qui lutte pour le libre choix, mais rejette l'idée d'une nature féminine, qui a si longtemps enfermé les femmes. Ces débats demeurent d'actualité.

Le féminisme afro-américain ou le **Black feminism**

Le féminisme afro-américain ou *black feminism* a ouvert une voie importante, tant au niveau des théories féministes que dans les pratiques du mouvement des femmes, à partir des années 1970, en soutenant que les rapports entre les hommes et les femmes varient selon la race et la classe sociale et qu'il faut simultanément prendre en compte ces multiples oppressions pour atteindre l'égalité pour toutes les femmes. Faisant le constat de la sous-représentation des femmes de la diversité culturelle et de leurs revendications dans le mouvement des femmes, tout comme dans le mouvement des droits civiques, ce courant de pensée pose aussi la question des rapports de pouvoir entre les femmes elles-mêmes et vise la reconnaissance et l'acceptation des diverses réalités et oppressions des femmes. Ce féminisme, qui revendique un mouvement pluriel et diversifié, a ouvert la porte aux dimensions interculturelles, puis à l'analyse postcolonialiste, tant pour les femmes autochtones que pour les femmes du Sud, puis à la prise en compte de l'intersection des différents systèmes d'oppression.

Le courant queer

Le courant queer prend naissance dans la foulée des mouvements pour la reconnaissance des droits des gais et lesbiennes des années 1980 et est une réappropriation du mot anglais *queer*, une insulte dont les personnes ne correspondant pas aux normes sexuelles, soit par leur orientation sexuelle ou par leur identité de genre, étaient affublées. Ainsi, le courant queer remet en question les catégories identitaires de sexe (homme et femme), de genre (masculin et féminin), de même que l'orientation sexuelle en postulant que celles-ci sont le fruit de constructions sociales, qui s'avèrent contraignantes et restrictives, provoquant marginalisation et exclusion. Les catégories de sexe, de genre et l'orientation sexuelle ne sont donc pas fixes ni immuables (figées et claires à la naissance) mais plutôt multiples, floues et changeantes à travers les parcours individuels, les époques et les cultures. Le courant queer milite pour l'abolition des catégories de sexe et de genre, ainsi que pour la reconnaissance et les droits des personnes s'identifiant comme lesbiennes, gais, bisexuelles, transgenres, queers et/ou intersexes (LGBTQI).

Le féminisme écologiste ou l'écoféminisme

Le féminisme écologiste ou écoféminisme s'intéresse aux liens entre les conditions de vie des femmes et la préservation des ressources naturelles et de la biodiversité. Ces préoccupations concernant les femmes et l'environnement sont nées du constat selon lequel les systèmes patriarcal et capitaliste sont responsables de l'oppression des femmes et de la destruction de l'environnement. Ce courant de pensée souhaite l'abolition du système économique mondial actuel basé sur l'appropriation et l'exploitation des femmes (travail de production et de reproduction) et l'exploitation sans limite des ressources naturelles au nom du profit, en exacerbant les inégalités entre les riches et les pauvres, entre les femmes et les hommes et entre les peuples. Si ce courant de pensée était plutôt marginal dans les années 1990 et 2000, il est de plus en plus partie prenante des mouvements féministes à travers le monde, comme en témoigne le thème de la Marche mondiale des femmes en 2015: *Libérons nos corps, notre Terre et nos territoires!*

De ce survol des théories féministes, il apparaît que chaque courant de pensée féministe a eu un apport considérable sur les luttes et les gains féministes ainsi que sur l'organisation des mouvements des femmes, partout dans le monde. Si ces courants de pensée mènent à des revendications et des manières de militer différentes, les mouvements féministes contemporains tentent de plus en plus d'intégrer toutes ces tendances, tant dans l'analyse que dans les moyens de lutte. Il ne s'agit donc pas de déterminer quel courant est le plus pertinent dans son analyse des fondements des inégalités, mais bien de tenir compte de la diversité, de la pluralité des femmes et des différents systèmes d'oppression qui s'amalgament pour renforcer, reproduire et maintenir les inégalités entre les femmes et les hommes et entre les femmes elles-mêmes. Il importe d'être à l'écoute des voix de toutes les femmes, d'assurer l'inclusion et la participation de chacune pour faire en sorte que les revendications permettent à toutes les femmes, surtout les plus marginalisées, d'améliorer leurs conditions de vie et de participer à la transformation sociale.

1.1.6 Des solidarités internationales

On pourrait penser que le mouvement féministe a pris une ampleur internationale avec l'accélération de la mondialisation dans les années 1990 et avec l'utilisation accrue d'Internet et des médias sociaux dans les années 2000, le tout porté par les grandes marches mondiales des femmes. Si la Marche mondiale des femmes de l'an 2000 a marqué un grand pas vers des solidarités féministes internationales, la dimension internationale du féminisme a pourtant toujours fait partie des fondements de ce mouvement.

En fait, il semblerait que le féminisme se soit déployé en premier lieu au niveau international, pour ensuite s'organiser à travers des associations nationales et locales autour de différents enjeux sociaux (mortalité infantile, éducation, violence envers les femmes, etc.). Ainsi, le féminisme, comme mouvement organisé, prend naissance vers le milieu de XIXe siècle, dans la foulée des grands mouvements sociaux (droits des travailleurs, mouvement pour la paix, socialisme, etc.), et les expositions universelles internationales s'avèrent des lieux de concertation formidables pour les féministes de plusieurs pays, surtout occidentaux[20]. Ces rencontres internationales sont l'occasion pour les femmes de partager leurs expériences liées à leur incapacité juridique et politique, de se solidariser au-delà des différences et d'organiser les luttes dont le premier cheval de bataille sera le suffrage des femmes. Ce mouvement prend son ampleur vers la fin du XIXe siècle et s'accélère au début du XXe siècle, avec des changements législatifs dans plusieurs pays, les femmes obtenant le droit de vote et d'éligibilité.

Par la suite, si les rencontres féministes internationales cèdent le pas aux mouvements internationaux pour la paix, la défense des droits des travailleurs (on ne parlait pas encore de travailleuses, même si les femmes étaient nombreuses dans les usines), les féministes demeurent très actives dans ces luttes, tant au niveau local qu'à l'international. Elles s'inscrivent au cœur des luttes syndicales et sociales, mais restent peu réseautées entre elles au niveau mondial.

Puis, au début des années 1970, les mouvements féministes sont animés d'un nouveau souffle, notamment par le biais du féminisme radical. C'est le développement de nombreux groupes de femmes autonomes, mais aussi la reconnaissance, dans plusieurs pays, d'une discrimination systémique des femmes et d'obstacles structurels qui minent leur accès à l'égalité. Plusieurs pays se dotent alors de structures et de mécanismes gouvernementaux pour l'avancement de l'égalité pour les femmes. À cette époque, au Québec, c'est la création du **Conseil du statut de la femme** (1973) et la nomination d'une première **ministre d'État à la Condition féminine** (Lise Payette en 1979). C'est aussi l'ère des grandes conventions internationales. En 1975, c'est l'**Année de la femme** sous l'égide de l'ONU puis, en 1977, le 8 mars devient officiellement la Journée internationale des femmes (près de 75 ans après ses origines). Puis en 1979, l'ONU adopte une ***Convention sur l'élimination de toutes les formes de discrimination à l'égard des femmes*** (CEDAW), convention que le Canada viendra ratifier en 1981. De grandes avancées pour les femmes, même si on constate, des années plus tard, que ces conventions sont plus des accords de principe que des engagements fermes à changer les pratiques et à se doter de mesures concrètes pour atteindre une réelle égalité pour les femmes. Même si le Canada a ratifié cette convention sur la violence, il a tout d'abord été l'un des rares pays à voter contre l'adoption de la ***Déclaration sur les droits des peuples autochtones*** en 2007. Même si le Canada a fait un énoncé en faveur de cette déclaration en 2010, la violence politique, économique et culturelle persiste envers les peuples autochtones du Canada et particulièrement envers les femmes, tant par des politiques colonialistes toujours à l'œuvre, que par le refus systématique du gouvernement fédéral de tenir une commission d'enquête nationale indépendante sur les femmes autochtones disparues ou assassinées, un véritable féminicide qui se perpétue aujourd'hui.

Malgré le peu d'impact des conventions internationales, les femmes gardent l'espoir d'instaurer des changements structurels et se réunissent en 1995 à Beijing pour la **Quatrième Conférence mondiale sur les femmes : Lutte pour l'égalité, le développement et la paix** (20 ans après l'Année internationale des femmes), à laquelle prennent part plusieurs organisations gouvernementales (189 pays) et non gouvernementales (organisations de coopération internationale, groupes de femmes autonomes, syndicats, etc.). C'est le moment de faire le point sur les avancées des femmes, de se sensibiliser au sort des femmes partout dans le monde, de comprendre la diversité des réalités et des luttes, et de tenter d'établir des solidarités autour de revendications communes. En présence de délégations gouvernementales, il s'avère dès lors difficile d'arriver à une plate-forme de revendications consensuelles qui ne soit pas édulcorée, les différences politiques et religieuses faisant écran au désir de solidarité des femmes. Qu'à cela ne tienne, des solidarités durables se sont créées entre les femmes de par le monde et les germes d'une militance internationale, autonome, sont semés…

La même année, la Fédération des femmes du Québec (FFQ) organise une grande marche nationale sous le thème ***Du pain et des roses***. Une vaste mobilisation à laquelle 15 000 femmes prennent part pour revendiquer de meilleures conditions de vie, des mesures concrètes pour lutter contre la pauvreté et mettre fin aux violences envers les femmes. Les réponses du gouvernement sont désolantes, notamment la hausse du salaire minimum de 0,10 $ /l'heure ! Les femmes sont en colère, avec raison. C'est devant l'inaction du gouvernement, qui se désengage de plus en plus de ses responsabilités en termes de protection des droits et de réduction des inégalités, que les femmes du Québec se lancent dans un projet colossal, porté par la Fédération des femmes du Québec : organiser une marche des femmes qui dépasse les frontières, rassembler des milliers de femmes pour l'égalité. Avec l'engagement indéfectible de militantes féministes et d'organisations de femmes à travers le monde, la **Marche mondiale des femmes en l'an 2000** est née : 6000 groupes de 163 pays participent au mouvement. Lancée le 8 mars 2000, dans le cadre de la Journée internationale des femmes, des actions ont eu lieu dans chaque pays, pour converger le 17 octobre à New York au siège des Nations Unies, où les marcheuses ont porté haut et fort les voix des femmes et leur projet de transformation sociale pour l'égalité.

Fortes de ces solidarités, les femmes de par le monde ont porté plus loin leur vision d'un monde meilleur, exempt d'inégalités, en se dotant en 2005, d'une **Charte mondiale des femmes pour l'humanité**. Il ne s'agit plus de dénoncer les discriminations envers les femmes, mais bien de proposer et de mettre en œuvre des alternatives pour un monde fait de liberté, d'égalité, de justice, de solidarité et de paix. Les femmes n'attendront plus que les décideurs daignent leur répondre. Elles sont plus que jamais en marche pour construire ce monde… et elles ne sont pas près de s'arrêter !

Dans un contexte où soufflent des forts vents d'austérité, portés par des politiques néolibérales et un ressac antiféministe attaquant les droits des femmes et détériorant leurs conditions de vie, les solidarités féministes sont plus nécessaires que jamais. L'interaction des différents systèmes d'oppression (capitalisme, patriarcat, colonialisme, etc.) s'accentue dans une économie de plus en plus globalisée et financiarisée qui n'a de cesse d'accroître les écarts entre les riches et les pauvres, de miner l'autonomie des peuples et de détruire la planète. L'analyse féministe devient de plus en plus globale et solidaire en faisant converger les luttes sociales. C'est aussi le fruit d'années d'implication des féministes dans les différents mouvements sociaux, tant nationaux qu'internationaux, au sein de chaque Forum social des peuples ou Sommet pour l'environnement. Les féministes sont au front pour faire reconnaître que les luttes sont liées, qu'on ne peut aspirer à plus d'égalité des peuples, des classes, des races, sans égalité des femmes.

On voit bien l'évolution de l'analyse et du discours féministe international à travers le changement des thèmes de la Marche mondiale des femmes. Si les années 2000 et 2005 étaient caractérisées par les thèmes de l'élimination de la pauvreté et des violences faites aux femmes, 2010 s'inscrit dans une perspective de lutte plus globalisée, représentée par le slogan : *Tant que toutes les femmes ne seront pas libres, nous serons en Marche*, dans une volonté d'actualiser un projet féministe de société. L'année 2015 marque un tournant pour la convergence des luttes et l'affirmation féministe d'un projet de société en dehors de rapports de domination et d'oppression, avec le thème : *Libérons nos corps, notre Terre et nos territoires*. Devant la faillite de nos institutions démocratiques et face au virage autoritaire de nos sociétés, les femmes crient leur rejet de ce modèle destructeur, tant pour les individu.e.s (surtout les femmes) et les peuples que pour la biodiversité de la planète. La Marche mondiale des femmes de 2015 « exprime un sentiment ambiant fort important : il ne suffit plus de théoriser les racines de l'oppression des femmes pour réaliser le projet féministe, il faut se pencher sur les racines de leur liberté[21] ». C'est pour cette liberté et avec l'urgence de créer de nouvelles façons de vivre ensemble sans oppression, domination et exploitation, que les femmes de tous les pays maintiendront leurs solidarités et marcheront… *tant qu'il le faudra !*

Pour en savoir plus sur la participation du Québec aux mouvements féministes à l'international :

- DUMONT, Micheline. « Le féminisme québécois et les associations internationales : de l'adhésion à l'initiative », p. 177-198, dans *Pas d'histoire, les femmes ! Réflexions d'une historienne indignée*, Montréal, Éditions du remue-ménage, 2013.
- Marche mondiale des femmes au Québec : <www.mmfqc.org>.
- Marche mondiale des femmes : <www.marchemondiale.org/index_html/fr>.

1.2 Le patriarcat, qu'est-ce que ça mange ?

Pourquoi, après tant d'années de luttes féministes, y a-t-il autant d'inégalités persistantes ? Pourquoi le mythe de l'égalité-déjà-atteinte est-il si répandu et défendu ? Pourquoi est-ce si difficile de faire reconnaître l'importance de l'égalité pour toutes les femmes ? Bien que les femmes aient maintenant accès à la sphère publique, plusieurs obstacles freinent leur progression vers l'égalité.

Pour lutter contre les inégalités que vivent les femmes, il peut s'avérer pertinent de jeter un regard sur les fondements, les racines et les mécanismes de reproduction du sexisme. Il en va de même de la nécessité de s'approprier (ou se réapproprier) les mots liés à l'oppression des femmes ; des mots, riches de sens, mais parfois obscurs, tels que patriarcat, division sexuelle du travail ou hétéronormativé. Ce vocabulaire féministe de base tente de nommer le vécu des femmes et de réfuter l'idée d'une nature inférieure des femmes, idée qui a trop longtemps été utilisée pour dénier des capacités aux femmes et légitimer leur incapacité juridique et citoyenne. Cette fameuse idée de nature ! Elle n'est jamais bien loin. Elle refait surface sous diverses formes, périodiquement, de manière subtile ou non, renforçant les différences et les stéréotypes entre les sexes, sapant, mine de rien, l'émancipation des femmes… Il faut débusquer les rhétoriques et les mécanismes à l'œuvre dans ce discours qui reproduit les inégalités, question de mieux les combattre !

1.2.1 De l'idée de nature : des concepts et des hommes

De tout temps, dans presque toutes les cultures et sociétés, les hommes ont assujetti les femmes. Au Québec, il y a moins d'un siècle, comme presque partout dans le monde, les femmes étaient considérées comme des êtres inférieurs, inaptes et incapables de raison, qui devaient être encadrées par l'autorité du père ou du mari.

Le système patriarcal a confiné les femmes dans la sphère privée en s'appropriant leur travail de production et de reproduction (travail invisible et maternité), tandis que les hommes évoluaient dans la sphère publique (travail salarié, politique, économie, etc.), détenant ainsi les leviers du pouvoir et établissant leur Loi.

Mais qu'est-ce au juste que le **patriarcat**? C'est un système économique, politique et socioculturel mondial fondé sur:

- la suprématie (supériorité et autorité) des hommes, comme classe de sexe dominante;
- l'appropriation du corps et de la force de travail des femmes comme groupe social dominé.

Un système qui:

- divise les femmes et les hommes en deux groupes distincts;
- hiérarchise ces groupes en leur attribuant une valeur et un ordre différents;
- situe le groupe des hommes en position dominante et subordonne celui des femmes;
- assigne aux hommes et aux femmes des sphères distinctes et hiérarchisées;
- s'appuie sur la contrainte à l'hétérosexualité;
- légitime les discriminations systémiques par l'idée d'une nature inférieure des femmes.

On parle donc ici d'un **système** dans lequel le groupe des hommes (une classe de sexe) domine les femmes. Cela veut dire que, même si individuellement un homme peut tendre à des rapports égalitaires et refuser sa position dominante – et on souhaite que ce soit le cas! –, il occupe une position privilégiée comme membre d'un groupe de sexe favorisé dans la société. Il ne s'agit donc pas tant d'hommes qui abusent de leur pouvoir, mais d'abus de pouvoir érigés en système.

Revenons sur quelques concepts pour éclairer le tout. Par exemple, lorsqu'il est question de hiérarchie entre ces classes de sexe auxquelles on attribue un ordre et une valeur, penser les genres en termes de classes sociales réfute l'idée d'une complémentarité des sexes qui serait « naturelle ». Dans ce système, les membres des deux classes de sexe ne sont pas différents et égaux, mais bien différents et inégaux. Car la classe des hommes subordonne la classe des femmes en la dévalorisant. Il y a alors hiérarchie des sexes et assignation à des sphères distinctes et séparées. Ce que l'on nomme la division sexuelle du travail.

La **division sexuelle du travail** est l'assignation des femmes à la sphère privée dans laquelle les hommes s'approprient le travail invisible qu'elles effectuent. On fait référence ici au travail domestique, aux soins aux enfants et aux proches, au travail de reproduction (maternité) et aujourd'hui à la gestion de la conciliation travail-famille. Ce travail invisible, non reconnu et non rémunéré des femmes, est le socle sur lequel reposent la survie et la prospérité de nos sociétés. Ce travail permet aux hommes d'assurer leur lignée (leur nom) et le legs de leur patrimoine (biens matériels et financiers), d'investir librement les sphères publiques que sont le travail, l'économie, la politique et la culture, en étant dégagés des responsabilités domestiques.

On le dit souvent : si les femmes, partout dans le monde, se mettaient à faire la grève du travail invisible, ce serait le chaos. Qui ferait le souper ? Qui donnerait le bain à un parent malade, qui s'occuperait des enfants ? Qui ferait le ménage ? Oui, les hommes s'investissent davantage dans la sphère domestique et c'est tant mieux, mais les femmes demeurent encore les principales responsables de la famille, elles y sont toujours assignées tacitement. Il n'y a qu'à voir les réactions lorsque des hommes s'occupent de leurs enfants (ce qui devrait être considéré comme normal) : on les louange, on salue leur dévouement ; le fait-on pour les femmes ?! Au contraire, on culpabilise trop souvent ces dernières lorsqu'elles s'investissent dans leur travail ou dans une sphère de pouvoir, les ramenant à leur rôle de mère, lequel doit demeurer prépondérant. Il y a toujours deux poids, deux mesures. Le travail des femmes dans la sphère domestique est tenu pour acquis et les métiers qui en découlent (éducatrices en garderie, infirmières, enseignantes au préscolaire et primaire, etc.) restent dévalorisés et sous-payés. Par exemple, les sages-femmes sont payées 1 $ de l'heure pour leurs heures de garde (verrait-on cela pour un médecin ?) et les éducatrices en garderie familiale ne sont payées que 35 heures sur les 50 heures de service qu'elles sont obligées d'offrir (parce qu'on le sait bien, elles peuvent faire leur lavage sur leur temps de travail[22]) !). Égalitaire tout cela ?

On le voit bien, le patriarcat est un système de **privilèges** dans lequel les hommes, comme classe, sont avantagés par rapport aux femmes. Ainsi, les hommes en retirent individuellement et collectivement les bénéfices « sans même le revendiquer, à cause de l'organisation de la société : le groupe a alors plus d'accès que les autres aux ressources, il jouit d'une meilleure considération et occupe une meilleure place dans la société[23] ». C'est ainsi qu'on accordera, par exemple, plus de crédibilité aux propos des hommes, que ceux-ci grimperont plus rapidement les échelons de leur profession ou auront peu de doutes quant à leurs compétences et capacités pour occuper une position de pouvoir. Bien sûr, le pouvoir et les privilèges ne sont pas répartis équitablement entre les hommes (inégalités sociales, raciales, liées à l'orientation sexuelle, etc.), comme pour les femmes, mais, comme classe de sexe, ils demeurent privilégiés. Vous en doutez ? Même si individuellement un homme est au bas de l'échelle sociale (peu de scolarité, métier peu valorisé et faiblement rémunéré, par exemple), il évolue au quotidien dans une culture faite par les hommes et pour les hommes, qui le pose en référent tant dans la politique ou l'économie que dans les médias ou les sports (quand voit-on une équipe féminine de sport professionnel à la télévision, autrement que pendant les Jeux olympiques ?). À travers la culture (au sens large du terme), les hommes continuent, collectivement, d'ériger la société dans laquelle nous vivons selon leurs standards et de tirer des bénéfices de cette position dominante.

On appelle **oppression des femmes** la façon dont le groupe dominant, en l'occurrence les hommes, tente de conserver ses privilèges et son pouvoir. Ou pour le dire autrement, comment le groupe dominant réussit à maintenir le *statu quo*, malgré la progression des droits des femmes et de leur présence dans la sphère publique. C'est ainsi qu'il n'est pas rare d'entendre dire que l'égalité est une valeur fondamentale de la société québécoise, que les femmes ont progressé significativement au cours des dernières années et qu'il n'y a plus lieu d'avoir des programmes ou mesures spécifiques pour elles. Ou encore, que les lois, mesures et décisions gouvernementales sont « neutres » et « technocratiques[24] », rejetant ainsi l'analyse différenciée selon les sexes, qui vise à prévenir les effets pervers et régressifs des décisions gouvernementales sur les femmes, dans un contexte où l'égalité est loin d'être acquise. C'est un exemple parmi tant d'autres d'hommes expliquant aux femmes que leurs revendications sont injustifiées, que leurs actions sont inappropriées, que leur lecture de la conjoncture, du contexte, bref de la réalité est erronée. Les féministes ont donné un terme à ce genre de propos, qui sont monnaie courante : *mansplaining* ou **mecsplications**. Des hommes, dans diverses situations sociales, obligent les femmes à écouter leurs explications sur un sujet qu'ils ne connaissent pas mieux qu'elles, particulièrement ceux qui concernent les femmes directement, ou le féminisme. Tel ce ministre qui n'a pas à s'inquiéter de la pauvreté et dit aux femmes qui la vivent et la craignent que, bien non, il n'y en a plus, d'inégalités, que tout cela n'est qu'une vue de l'esprit… comme l'austérité ! On le voit bien, l'oppression des femmes revêt une dimension systémique car elle s'inscrit à la fois dans les Lois, les politiques, les programmes sociaux et dans les normes et représentations sociales, qui, tout en faisant fi des discriminations toujours à l'œuvre à l'encontre des femmes, renforcent les inégalités entre les sexes.

Le système patriarcal est aussi basé sur la **contrainte à l'hétérosexualité**, c'est-à-dire la croyance que les hommes et les femmes seraient complémentaires naturellement et donc faits l'un pour l'autre[25], posant l'hétérosexualité comme étant LA norme, par nature. Cette vision des choses transforme tout ce qui ne correspond pas à cette norme en déviance qu'il faut corriger. Comme si les femmes étaient destinées aux hommes. La contrainte à l'hétérosexualité est une manière de s'approprier le corps et la sexualité des femmes, les assujettissant aux désirs des hommes. C'est ainsi qu'avec le mariage, la femme était tenue de remplir son devoir d'épouse et d'obéir à son mari en tout (jusqu'à une époque pas si lointaine au Québec), indépendamment de ses besoins et désirs propres. Encore aujourd'hui, les femmes sont souvent rappelées à l'ordre quand elles expriment leurs désirs ou leurs refus. De cette contrainte, découle l'**hétérosexisme**, la croyance selon laquelle tout le monde est présumé hétérosexuel.le jusqu'à preuve du contraire, preuve que, trop souvent, on continue de remettre en question ou de refuser. Cet hétérosexisme amène la marginalisation et l'exclusion des personnes qui optent pour l'homosexualité ou qui sont ambivalentes, sans parler des préjugés, de l'intimidation et de la violence qui peuvent en découler.

Enfin, il y a cette **idée de nature**, une des prémisses de l'oppression des femmes. D'Aristote à Freud, en passant par Confucius, Napoléon, Comte (père de la sociologie) ou Proudhon (père de la pensée anarchiste) – pour n'en nommer que quelques-uns –, les hommes de toutes les époques et de toutes les cultures n'ont eu de cesse de théoriser la nature inférieure des femmes, justifiant ainsi leur pouvoir et leurs privilèges. Voici quelques citations pour montrer l'ampleur de la chose…

- *La populace et les femmes sont ignorantes, poussées par les mauvais instincts et difficiles à éduquer.* Confucius[26] (-555-479)
- *Les femmes et les prolétaires ne peuvent ni ne doivent devenir des auteurs.* Auguste Comte (1786-1857)

C'est ainsi que, pour leur bien, il fallait éduquer les femmes selon les capacités de leur sexe, sous l'encadrement des hommes, évidemment, qui savaient mieux qu'elles ce qu'elles étaient…

- *[…] toute l'éducation des femmes doit être relative aux hommes. Leur plaire, leur être utiles, se faire aimer et honorer d'eux, les élever jeunes, les soigner grands, les conseiller, les consoler, leur rendre la vie agréable et douce : voilà les devoirs des femmes dans tous les temps, et qu'on doit leur apprendre dès leur enfance.* Jean-Jacques Rousseau (1712-1778)
- *La femme est notre propriété, nous ne sommes pas la sienne ; car elle nous donne des enfants, et l'homme ne lui en donne pas. Elle est donc sa propriété comme l'arbre à fruit est celle du jardinier.* Napoléon Bonaparte (1769-1821) – qui est à l'origine de notre Code civil.

On peut ainsi comprendre pourquoi l'incapacité juridique et politique des femmes a été maintenue si longtemps… Pour ces penseurs, les femmes qui ne correspondaient pas aux normes et modèles imposés par le patriarcat ne pouvaient qu'avoir des défauts de fabrication. Au lieu de leur reconnaître intelligence et capacités, on disait qu'elles pervertissaient plutôt leur sexe, tournant le dos à leur nature profonde :

- *La femme qui s'éloigne de son sexe retombe à l'état de femelle, bavarde, impudique, paresseuse, sale, perfide, agent de débauche, empoisonneuse publique, Locuste, peste pour sa famille et pour la... société. Sans homme, elle ne sortirait pas de l'état bestial.* Pierre-Joseph Proudhon (1809-1865)
- *Lorsqu'une femme montre du goût pour la science, c'est ordinairement le signe que quelque chose cloche dans sa sexualité.* Friedrich Nietzsche (1844-1900)

Une belle brochette de penseurs et d'hommes d'État de toutes les cultures qui ont fait et qui continuent de faire l'histoire, malgré leurs propos antiféministes... Vous vous dites que tout cela est le fruit d'une époque révolue ? Qu'on ne croit plus à ces sornettes aujourd'hui ? Pourtant, ce genre d'idées s'exprime encore sans honte aujourd'hui. Et les théories de ces penseurs classiques, dont la misogynie ne fait pas de doute, sont toujours sacralisées dans les universités. Enseigner ces théories sans dénoncer leurs aspects antiféministes, racistes et/ou colonialistes contribue à reconduire les inégalités entre les sexes et à banaliser l'infériorisation des femmes. La plupart du temps, lorsqu'on présente ces penseurs, on fait fi de leur analyse sexiste et raciste, comme si cela n'avait pas façonné nos pensées et les modes d'organisation de nos sociétés et comme si ça ne continuait pas de le faire. On les présente comme de « grands hommes », en occultant les savoirs des penseuses féministes d'hier à d'aujourd'hui, qui demeurent, pour la plupart, inconnues. De plus, les savoirs féministes n'ont certes pas le même pouvoir d'influence, étant toujours relégués aux marges. Pourtant, en réfutant notamment les idées de nature et le déterminisme biologique, ils constituent une véritable révolution. Le savoir est toujours androcentriste, participant ainsi à la reproduction des inégalités entre les femmes et les hommes.

1.2.2 Socialisation et stéréotypes

Comment de telles inégalités ont-elles pu être instaurées en système et perdurer aussi longtemps dans toutes les sociétés? Comment se fait-il que des hommes et des femmes banalisent les inégalités vécues par les femmes et se portent à la défense des hommes? Allons jeter un coup d'œil du côté de la socialisation et des stéréotypes.

L'humain, tout en appartenant à la nature, est un être de culture. Qui dit culture dit organisation sociale: des tabous, des règles, des codes, des normes, qui régissent notre vie en société. Les hommes et les femmes sont façonnés par ces normes. Or, ces normes, édictées selon l'idée d'une nature distincte et hiérarchisée des sexes, sont différentes pour les femmes et les hommes. Elles reproduisent la subordination des femmes et l'acceptation, consciente ou non, de leur assignation, notamment, à la sphère domestique.

Comment et pourquoi les femmes ont-elles intériorisé ces normes différenciées? Simone de Beauvoir s'attaquait à ces questions dès 1949, dans son ouvrage phare pour le mouvement féministe, *Le deuxième sexe*:

> Aucun sujet ne se pose d'emblée comme et spontanément comme l'inessentiel: ce n'est pas l'Autre qui se définissant comme Autre définit l'Un: il est posé comme Autre par l'Un se posant comme Un.
>
> Mais pour que le retournement de l'Autre à l'Un ne s'opère pas, il faut qu'il se soumette à ce point de vue étranger. D'où vient en la femme cette soumission?

D'où vient, chez les femmes, cette acceptation, cette intériorisation de la domination? Simone de Beauvoir réfute ici l'idée de nature. Elle introduit l'idée de construction sociale, qui vient faire rupture avec le système de pensée dominant. L'infériorité des femmes, la subordination de celles-ci n'est donc pas innée (infériorité biologique), mais bien acquise par l'éducation. Il y a un système, le patriarcat, qui positionne certains comme dominants – les hommes – et d'autres comme dominées: les femmes. Dans ce système, les femmes et les hommes font l'apprentissage des caractéristiques, féminines ou masculines, qu'ils et elles sont supposés acquérir, pour bien remplir les rôles différenciés qui leur sont dévolus en société. Pour que le dominé remette son pouvoir au dominant, il faut qu'il lui attribue des qualités qu'il ne se reconnaît pas à lui-même. Et, pour que cette domination se maintienne, il faut valoriser les différences, les exacerber, les montrer comme essentielles et complémentaires. Donner aussi l'illusion que cette complémentarité assure une certaine égalité. C'est ainsi qu'en prétendant valoriser des caractéristiques dites féminines, on maintient plutôt les femmes dans leur rôle de subalternes. Pensons aux expressions, pas si lointaines, qualifiant les femmes qui se consacraient entièrement à la sphère domestique : des fées du logis ou les reines du foyer. Que c'est glorifiant ! Quel pouvoir !

Ainsi, pour reprendre les mots de Beauvoir : « on ne naît pas femme, on le devient ». On fait l'apprentissage des inégalités et la socialisation nous fait accepter cet état des choses. La **socialisation** est le processus par lequel les garçons et les filles, dès le tout jeune âge, apprennent et intègrent les valeurs, les normes et les règles dévolues à leur sexe. On projette ainsi, même involontairement, des attentes spécifiques et différenciées sur les filles et les garçons, lesquelles influencent leurs choix, leurs préférences, leurs attitudes et leurs comportements en société. Cette socialisation s'effectue tant par le biais de la famille, de l'école et des pairs que par les différents médias de communication, qui renvoient souvent des images stéréotypées des sexes. En fait, il semble que dès l'âge de trois ans, les enfants aient intégré de manière durable la différenciation des sexes (les caractéristiques que l'on attribue à un sexe) et ses codes (hétéronormativité, par exemple).

C'est aussi par l'éducation des enfants que de nombreuses personnes prennent conscience de l'absurdité des inégalités persistantes à l'encontre des femmes. Même si nous voulons élever nos enfants de façon égalitaire, le monde dans lequel nous évoluons ne l'est pas et nous sommes sans cesse confrontées à ces contradictions. Les enfants sont bombardés d'images stéréotypées qui renvoient les filles aux princesses et les garçons à des superhéros, restreignant le champ des possibles. Ainsi, lorsque des représentations s'écartent des modèles traditionnels, les questions fusent et la confusion est grande. Prenons cette scène de la vie quotidienne, suscitée par la vue de la figurine de Mulan[27] du film de Disney (qui met en scène une Chinoise qui refuse de se marier).

—Mais Mulan, c'est un garçon ?

—Non, c'est une fille. Elle porte des vêtements de garçon parce qu'elle veut se cacher parmi les soldats et partir à l'aventure.

—Mais pourquoi elle s'habille en garçon ?

—Parce que les filles ne pouvaient pas être soldat ni faire ce qu'elles voulaient. Elles devaient rester à la maison. Mulan ne veut pas. Alors elle se déguise en garçon pour que personne ne la remarque.

—Mais pourquoi les filles ne pouvaient pas faire du cheval, faire la guerre ou aller se promener où elles voulaient ?

—Très bonne question, mon gars !

Ou encore :

—Est-ce que ça se peut des filles pompiers ?

—Oui mon chéri, on les appelle des pompières.

—Pourquoi il n'y en a pas ?

—Ben… (milieu macho, obstacles à l'entrée sur les bancs d'école et en emploi, sexisme… que dire… faut pas trop le perturber, ce pauvre enfant…). Il y en a… (même si elles ne représentent que 1 % des effectifs, selon les données de la CSN)… mais c'est vrai qu'il n'y en a pas beaucoup. Il devrait y en avoir plus !

—Moi, plus tard, je vais être cuisinier-pompier ou professeur de maternelle.

—Très bon choix, mon grand !

On le voit bien, les **stéréotypes** sexuels et sexistes participent à cette socialisation différenciée et à la reconduction des inégalités. Les **stéréotypes sexuels** sont des préjugés, des clichés qui enferment les sexes dans des rôles, des comportements ou goûts distincts et limitatifs. Ce sont des idées préconçues et arbitraires, pour faire correspondre le genre des individus à leur sexe biologique, pour tenter d'imposer un modèle de « vrai gars » ou de « vraie fille ». On parle de **stéréotypes sexistes** lorsque ces clichés sont péjoratifs, dévalorisants ou dégradants à l'égard des femmes, ce qui est souvent le cas. Ces conditionnements sont constamment renforcés par ce que nous vivons, lisons, voyons.

Cela nous porte, même inconsciemment, à intégrer des idées inégalitaires ou à reproduire des comportements sexistes.

Nous participons donc tous et toutes à la perpétuation du patriarcat car nous l'avons intériorisé. S'il est indéniable que le patriarcat a des impacts désastreux pour les femmes, qui continuent de subir des inégalités dans toutes les sphères de leur vie, les hommes gagneraient tout autant à déconstruire les stéréotypes sexuels et à inventer des modèles en dehors de rapports de domination. Or, force est de constater que nous assistons depuis les dernières années à un retour en force des stéréotypes sexuels et sexistes, tant par le biais de publicités, de jouets de plus en plus genrés et sexualisés ou de l'invasion dans nos vies d'images et de comportements associés à la pornographie, pour n'en nommer que quelques aspects. Le patriarcat va de pair avec le capitalisme ; il nous vend des modèles inatteignables et dommageables, d'où l'importance de décoloniser nos esprits, de nous libérer des idées mortifères afin de poursuivre les luttes contre les systèmes d'exploitation et de domination.

Pour en savoir plus sur les stéréotypes sexuels et sexistes, et surtout pour les déconstruire :

- CONSEIL DU STATUT DE LA FEMME. *Entre le rose et le bleu : stéréotypes sexuels et construction sociale du féminin et du masculin*, gouvernement du Québec, 2010.
- RÉSEAU DES GROUPES DE FEMMES DE CHAUDIÈRE-APPALACHES. *Dans les pas de Léa et Léo vers l'égalité*, outil de sensibilisation pour les écoles primaires et secondaires, 2012.
- SECRÉTARIAT À LA CONDITION FÉMININE. *Les jouets ont-ils un sexe ?*, document d'accompagnement, 2013.
- TABLE DE CONCERTATION DE LAVAL EN CONDITION FÉMININE. *Égalité & diversité : zéro cliché*, trousse éducative virtuelle, 2012, <www.zerocliche.com>.

1.2.3 Les archétypes[28] ou la reproduction du même

Les archétypes sont un autre mécanisme qui participe à la reproduction des rôles différenciés et hiérarchisés entre les hommes et les femmes. Les archétypes sont des schémas, des représentations mentales, des catégories symboliques qui nous aident à appréhender le monde, les choses et les êtres qui nous entourent. Ce sont aussi des mythes que nous intégrons et que nous nous transmettons, consciemment ou non, de génération en génération. Les archétypes font partie de l'imaginaire collectif. Comme les stéréotypes, même s'ils sont réducteurs et contraignants, ils participent à la valorisation des rôles sociaux. C'est pourquoi ils persistent. On se reconnaît dans ces rôles, on y retrouve une acceptation sociale. Il y a approbation dans le regard, les propos, les comportements de l'autre. Mais il y a aussi condamnation, ambivalence et transgression. C'est bien à cela qu'invitent les mythes (et les interdits). Voyons voir les différents visages que prête aux femmes la société patriarcale à travers les principaux archétypes suivants : femme diabolique, faible femme, mère nourricière et femme objet. En fait, nous sommes toujours devant le triangle intemporel : la vierge, la mère et la putain, qui sont toutes soumises à l'objectivation et l'instrumentalisation des hommes. Voyons ces figures de plus près.

La femme diabolique

C'est le premier archétype, fondateur du patriarcat et des religions monothéistes (christianisme, judaïsme, islamisme). Selon cet archétype, la femme est dangereuse, elle est responsable de la chute de l'humanité et elle symbolise le péché de la chair. C'est à cause d'Ève, encore aujourd'hui, si la Terre n'est plus un paradis terrestre et que l'on doit travailler pour réparer la faute originelle. Selon ce mythe, la femme ne peut dominer ses pulsions, et ses instincts sont dangereux ; ils détournent les hommes de la raison. La femme doit ainsi être contrôlée, encadrée, et son corps, source de tentation, caché. Les femmes, laissées à elles-mêmes, n'obéiraient ainsi qu'à leur nature, leur faible volonté représentant un danger pour la société. Car ce sont des femmes séductrices, des femmes lubriques, qui peuvent ensorceler les hommes, les détourner de leurs épouses, briser les mariages et les familles. Ce sont des femmes auxquelles on ne peut se fier, qui déploient leurs charmes pour mieux amadouer les hommes et les flouer. Elles sont à la fois sorcières et sirènes, des femmes aux pouvoirs maléfiques, qu'il faut contrôler.

Car en fait, les femmes diaboliques sont des femmes de pouvoir. Un coup d'œil à l'histoire nous le confirme. Celles qu'on appelait sorcières et qu'on n'a eu de cesse de traquer, de condamner, d'exécuter à travers toutes les époques (près de 100 000 femmes à l'époque de l'Inquisition), étaient des femmes qui sortaient des rôles attendus. Des femmes qui avaient une certaine indépendance ou qui détenaient un savoir: des veuves, des célibataires, des sages-femmes, des herboristes, des femmes qui exerçaient un métier hors norme pour l'époque, etc., des femmes susceptibles d'influencer les autres femmes, de leur redonner du pouvoir. La chasse aux sorcières a traversé toutes les cultures, menée par les Églises à travers le monde.

Si elle a changé de forme à travers les époques, la chasse aux sorcières se poursuit toujours. Elle s'incarne dans l'incessante remise en question et les attaques à l'endroit des femmes en politique, des femmes que l'on s'acharne à vouloir remettre à leur place (à la maison ou dans le rôle de plante verte), dont le moindre mot prononcé avec vigueur est qualifié d'entêtement, de dureté (ce qui ne saurait convenir à une femme…) ou au contraire, de perte de contrôle, voire d'hystérie. Ce sont aussi les sages-femmes desquelles les médecins continuent de se méfier et de faire obstacle à la progression de la profession, les super infirmières qu'on forme au compte-gouttes. Ce sont les femmes politiques, qui sont soit trop féminines ou trop masculines, ce sont les femmes qui tentent d'investir les métiers traditionnellement masculins, les femmes d'Église qui revendiquent le droit d'officier, etc. L'archétype de la femme diabolique continue de faire craindre les femmes qui savent ce qu'elles veulent, comme le montre le **double standard** en matière de sexualité (les femmes sont rapidement considérées comme des salopes tandis que les hommes sont des tombeurs) et le vocabulaire dégradant employé pour décrire les femmes qui affichent leur sexualité. Lorsqu'il est question de femmes de pouvoir et de femmes de savoir, la question de la folie n'est jamais loin. Ce sont des castratrices, des femmes déchaînées qui n'ont qu'un seul but (on le sait bien !) : assujettir les hommes, leur enlever toute masculinité, les contrôler… somme toute, renverser les rôles, ce qui risquerait d'en montrer la dimension arbitraire et inacceptable. On continue de se méfier d'elles ou de discréditer les femmes qui pensent, étudient, brisent des plafonds de verre... Bref, toutes des méchantes féministes !

La femme faible

C'est l'antidote à la femme diabolique. La femme enfant, la femme pure et chaste. La femme qu'on considère comme inférieure physiquement et intellectuellement, appelée à s'épanouir dans l'univers domestique, à l'abri des dangers de la vie citoyenne. Une femme que Freud décrit en termes si élogieux :

> La femme est une éternelle mineure, immature et incapable de raison et d'actions transcendantes. Chez la femme l'envie de réussir est une névrose, résultat d'un complexe de castration dont elle ne guérira que par une totale acceptation de son destin passif. (*La féminité, 1932*)

Selon cette image, l'envie de réussite n'est qu'une lubie, une envie passagère qu'il faut canaliser dans la sphère domestique (un univers protégé et bien délimité), là où la femme pourra véritablement s'accomplir ! Cela justifie qu'on doive protéger sa virginité, son innocence, qu'on la garde dans un état de dépendance, notamment économique. C'est au nom de ce « devoir » de protection que l'on nie ses désirs, liés tant à la sexualité qu'à l'émancipation. Que l'on nie la valeur (égale) des femmes, leurs capacités et leurs compétences. Cela s'incarne dans l'iniquité des salaires qui perdure aujourd'hui, dans la dévaluation des métiers dits féminins, dans la valorisation de la force physique dans plusieurs métiers majoritairement masculins, force dont seraient dénuées les femmes.

C'est aussi ce que certaines nomment le sexisme « bienveillant », c'est-à-dire qu'il est mobilisé par des hommes somme toute ouverts aux questions d'égalité, charmants et bien intentionnés à l'égard des femmes, mais dont le preux chevalier en eux n'a de cesse de vouloir les protéger et leur montrer la bonne voie à suivre. Ils font ainsi des suggestions pour le bien des femmes, mais qui minent leur pouvoir (tu ne devrais pas sortir tard, seule, je devrais t'accompagner...). Cet archétype contribue aussi à la violence conjugale et aux violences contre les femmes en général en inculquant aux hommes l'idée qu'ils doivent « se montrer forts » avec elles, et en convainquant les femmes qu'elles sont démunies devant eux. Cela s'incarne aussi dans des préjugés sexistes (elles ne connaissent rien aux finances, ne savent pas lancer une balle, elles sont dominées par leurs hormones). On pourrait continuer longtemps à en nommer les manifestations, dont l'expression persistante « comme une fille », à propos d'un geste ou d'un comportement. Faire comme une fille, ce n'est pas très enviable… encore aujourd'hui.

La femme nourricière

Selon cet archétype, la fonction nourricière est vue comme le salut de la femme, elle lui donne un rôle et une place dans la société. Le destin de la femme est de devenir mère. C'est son essence, ce qui la rend complète, une vraie femme. La femme nourricière est à la fois le prolongement du rôle de la faible femme et l'antidote à la représentation de la femme diabolique (qui sinon n'est qu'une putain). Avec cet archétype, les fonctions maternelles sont à la fois glorifiées et instrumentalisées. On célèbre leurs capacités de reproduction, mais on les encadre : appropriation du corps et de la sexualité des femmes, réduction à la fonction maternelle (dévouement, don de soi), médicalisation de l'accouchement, conseils (préceptes) d'éducation des enfants, etc.

Réduire les femmes à leur fonction maternelle est une tentative pour les déposséder de leur pouvoir sur leur corps et sur leur vie. On nie la capacité des femmes à prendre des décisions éclairées pour elles-mêmes ou leurs enfants (par exemple, dans le discours anti-choix ou encore, dans les suivis de grossesse où les médecins se posent en experts, en imposant une batterie de tests aux femmes et une procédure d'accouchement, plutôt que de faire place à leurs besoins et à leur vécu). Dans cette pression exercée sur les femmes pour qu'elles deviennent mères, encore une fois, le double standard est à l'honneur. On questionne et culpabilise les femmes qui n'ont pas d'enfants (tu n'as pas peur de le regretter plus tard ?) tandis qu'on ne fait pas de cas des hommes qui n'ont pas d'enfant.

Ce double standard en matière de parentalité s'accompagne d'attentes démesurées envers les mères, que l'on veut parfaites : qui ne fument pas, ne boivent pas, allaitent, mangent bio, se remettent en forme et retrouvent leur silhouette quelques semaines (que dis-je, quelques jours !) après l'accouchement. La persistance de la croyance en l'instinct maternel assigne aussi un rôle prépondérant à la mère auprès de l'enfant. On nous rabat les oreilles avec les bienfaits de la présence de la mère auprès de l'enfant au cours de la petite enfance, les dérives du recours aux garderies (qui seraient un parking d'enfants pour les mères/parents dénaturés et ambitieux), les effets du travail des femmes sur l'attachement et le développement de l'enfant… On voit un conflit « entre la femme et la mère », comme s'il y avait forcément tensions et contradictions et que celles-ci étaient liées à la nature plutôt qu'aux structures. Or, ce sont elles qui peinent à s'adapter[29] à la présence des mères (et des parents) sur le marché du travail (aménagement du travail et conciliation).

La femme objet

Des images vous viennent sans doute déjà en tête. Cet archétype réduit les femmes à leur dimension esthétique, les soumet au regard et à l'approbation de l'autre. Leur corps sexué devient la principale référence identitaire et objet de consommation. C'est la femme ornement, et marchandise. Ce modèle, au nom de la beauté, justifie le contrôle du corps des femmes, sa modification, les restrictions de sa liberté de mouvement (c'est vrai pour les talons aiguilles comme pour les femmes aux pieds bandés en Chine ou les minijupes qui rendent difficile de sauter ou de faire la roue !). La femme objet est présente à toutes les époques, même s'il y a, avec la mondialisation, généralisation et accélération du culte de la beauté féminine, qui devient de plus en plus hégémonique (jeune, blanche, mince).

Ce qui caractérise aussi notre époque, c'est l'appropriation collective des femmes comme objet par le biais des médias traditionnels et sociaux. Les médias font exploser la circulation de photos de femmes objectivées et la plupart du temps sexualisées, voire pornographiées. Ainsi, la femme qui se met en scène, ou qui l'est à son insu, est vue et objectivée non seulement par ses proches, mais aussi par l'ensemble de la population, un procédé d'appropriation individuel des femmes qui devient collectif et qui influence ainsi la vie de toutes les femmes, par effet de miroir et d'identification.

Les femmes ne se voient alors plus que comme des corps, morcelés, sexualisés, modifiés, pour vendre, plaire, faire rêver. Même si nous savons que les images des femmes qui nous sont présentées sont la plupart du temps retouchées, la norme s'imprègne dans notre esprit et modèle nos corps. S'ensuit alors une quête effrénée, à laquelle il faut déployer des efforts constants pour ne pas céder. On n'a qu'à voir l'essor de la chirurgie plastique à notre époque, du botox et autres procédés de rajeunissement. Bien que le culte de la beauté et de l'apparence s'étende aussi aux hommes et qu'il renforce les stéréotypes sexuels et sexistes, maintient les hommes dans des rôles dominants, tandis que les femmes sont réduites à une fonction d'objet, une fonction passive où l'affirmation et l'émancipation ne sont pas de mise.

En somme, tous ces archétypes, comme les stéréotypes sexuels et sexistes, sont des mécanismes d'intériorisation et de reproduction des inégalités entre les sexes. Ils limitent les représentations des femmes et des hommes, en les enfermant dans des carcans. Ils constituent des tentatives pour restreindre les champs d'expression des femmes, pour les ramener aux rôles sociaux différenciés imposés par la société patriarcale. Ce sont des outils symboliques et performatifs de reproduction de l'oppression des femmes, de reproduction du même. Des modèles et des normes contraignants, limitatifs et dépassés. D'où la nécessité de les faire voler en éclats pour plus de liberté, d'égalité et de diversité, pour toutes et tous !

1.3 L'histoire des femmes : des luttes et des résistances

L'histoire a toujours été écrite par les vainqueurs et, de ce fait, par les hommes. Elle est souvent au service d'une idéologie (on le voit avec la réécriture conservatrice de l'histoire du Canada qui glorifie l'histoire militaire au détriment d'autres faits historiques). L'histoire, en tant que construction politique et sociale, peut servir à reproduire et à légitimer l'ordre dominant, soit le patriarcat. Il n'est donc pas étonnant (quoique très frustrant) que l'histoire des femmes, comme celles des nations autochtones ou des immigrants, bien qu'elle soit de plus en plus documentée, tarde à être intégrée à l'histoire officielle. Cela est révélateur de la persistance de la culture sexiste, colonialiste et raciste dans nos sociétés. Et n'oublions pas que les sociétés modernes, les démocraties qui nous sont si chères, se sont construites sur l'exclusion des femmes[30]. Exclusion juridique, civile, politique et donc économique et culturelle. Rappelons-nous que les femmes n'ont obtenu que très récemment, au regard de l'histoire, et après de chaudes luttes, le statut de citoyennes.

Bien que les femmes aient obtenu le droit de vote au Canada en 1918 (le suffrage n'avait d'*universel* que le mot), elles étaient toujours considérées comme des mineures devant la loi. Elles n'avaient aucun droit juridique et relevaient de l'autorité du père ou du mari. C'est en 1929, après qu'une délégation de cinq femmes de Winnipeg s'est rendue en Angleterre pour plaider leur cause devant les plus hautes instances, qu'elles ont réussi à faire reconnaître aux femmes le statut de « personne » au sens de la loi. Mais qui peut citer de mémoire les noms de ces cinq femmes[31] ? Pourtant leur contribution à l'histoire de notre pays est de loin beaucoup plus significative que celle de Laura Secord ! Avant 1929, le mot « personne », dans les textes de loi et les codes civils, désignait exclusivement les hommes. On peut comprendre dès lors que plusieurs femmes demeurent sceptiques, encore aujourd'hui, devant les termes masculins employés pour décrire, supposément, à la fois les hommes et les femmes (des mots comme « les Québécois », « les travailleurs », « les étudiants », « tous », « les hommes », etc.). Quand les femmes ne sont pas nommées, elles savent qu'il y a un risque qu'elles ne soient pas considérées…

Dans bien des cas, l'histoire fait fi des luttes des femmes pour le droit à l'égalité ou les raconte en accéléré comme si, d'une part, les luttes féministes avaient commencé avec les suffragettes et que, d'autre part, les femmes y étaient pour bien peu de choses. Ce qui nous est présenté comme des aléas de l'histoire, une évolution normale des mentalités ou du progrès social, est en fait le fruit, plus souvent qu'autrement, de luttes acharnées des femmes pour faire reconnaître leur égalité, leurs droits et améliorer leurs conditions de vie. Les femmes sont partie prenante de l'histoire, tant dans la sphère publique que privée. Les luttes pour leur émancipation ont radicalement changé le visage de notre société. Les gains sociaux obtenus par les luttes féministes (allocations familiales, réseau public de garderies (CPE), Régime québécois d'assurance parentale (RQAP), mesures de conciliation travail-famille, etc.) l'ont été au bénéfice de toute la société, ce qu'on a souvent tendance à oublier.

Luttes et résistances mémorables

Pour renverser cette lecture patriarcale de l'histoire, qui nous laisse croire que les luttes pour les droits des femmes sont récentes et peu significatives ou dépassées, il importe, dans un premier temps, de nous réapproprier notre histoire, de la transmettre et de la célébrer. Revisiter l'histoire avec des lunettes féministes nous permet aussi de comprendre pourquoi tant d'inégalités persistent encore aujourd'hui et pourquoi les avancées (ou tentatives d'avancées) des femmes s'accompagnent inéluctablement de résistances antiféministes. En nous inspirant d'écrits d'historiennes féministes (il y a des livres formidables à ce sujet, voir les références en fin de section), nous nous pencherons sur quelques luttes féministes à partir du prisme des résistances antiféministes, qui peut expliquer la difficulté d'avancer et la fragilité des acquis aujourd'hui. Il sera donc question des luttes pour l'égalité politique et juridique des femmes, tant dans les sphères publique que privée. D'autres luttes seront abordées plus loin dans ce livre (travail, éducation, avortement, violence envers les femmes, etc.), sous une autre forme, mais toujours en lien avec les résistances antiféministes.

Le droit de vote des femmes au Canada ou une stratégie électoraliste

Lorsqu'il est question du **droit de vote** des femmes, il n'est pas rare d'entendre qu'en telle année, tel gouvernement ou tel premier ministre, a accordé le droit de vote aux femmes. L'expression laisse croire que quelqu'un a accordé ce droit aux femmes, alors qu'elles se sont battues et qu'elles l'ont obtenu. Accorder un droit sonne comme accorder une faveur, une permission spéciale, voire une récompense pour un bon comportement. C'est non seulement paternaliste, mais ce n'est pas sans conséquence, selon l'historienne Micheline Dumont: « cette occultation des actions politiques des femmes contribue à nier leur rôle historique[32] » dans la transformation sociale.

Les luttes des femmes pour l'obtention de leurs droits ont été de durs et longs combats, qui ont suscité de vives oppositions, notamment chez des hommes qui souhaitaient conserver leurs privilèges. De plus, les décisions qui ont permis d'octroyer plus de droits aux femmes ont été le fruit de calculs politiques des élus plutôt qu'une véritable reconnaissance des femmes. À titre d'exemple, voici une brève histoire du droit de vote des femmes au Canada:

En **1791**, en raison de sa formulation, l'*Acte constitutionnel du Canada* confère le droit de vote aux femmes propriétaires non mariées ou veuves du Bas-Canada.

Bien que peu de femmes puissent exercer, dans ces conditions, leur droit de vote, pour certains hommes, c'en est déjà trop. L'exercice du droit de vote dénature les femmes et porte atteinte aux bonnes mœurs car il n'est pas bon que les femmes se mêlent de politique. Leur place est à la maison, à prendre soin de leur famille…

Après quelques tractations de nos chers Patriotes (patriotisme et nationalisme riment plus souvent qu'autrement avec conservatisme moral), en **1849**, Robert Baldwin et Louis-Hippolyte Lafontaine réussissent à faire retirer le droit de vote aux femmes du Haut et du Bas-Canada. C'est donc un recul en termes de droits démocratiques pour les femmes.

Pendant la même période, les mouvements féministes s'organisent ici comme ailleurs, avec comme cheval de bataille la reconnaissance des droits des femmes et la lutte pour le suffrage universel. Ce mouvement, qu'on a appelé suffragiste, a pris beaucoup d'ampleur vers la fin du XIXe siècle.

Le premier pays (après quelques États américains, notamment) où les femmes obtiennent le droit de vote est la Nouvelle-Zélande en **1893**. Dans ce cas-ci, comme dans tous les autres, le droit de vote est acquis par les femmes après une dure bataille. En fait, elles l'obtiennent après avoir déposé une pétition signée par le quart de la population féminine du pays[33] !

La lutte des suffragettes est tout aussi âpre au Canada où la presse, les hommes politiques, l'Église, des intellectuels et des hommes d'affaires influents mènent des campagnes sans relâche contre le droit de vote des femmes. Le Collectif Clio relate cette succulente répartie à propos des inquiétudes des hommes face au droit de vote des femmes: « Mais qui s'occupera du bébé lorsque la mère ira voter ? » s'écria l'un de nos hommes politiques à l'idée que les femmes votent. **Nellie McClung** (l'une des célèbres cinq de l'affaire « Personne »), suffragette canadienne (1873-1951), lui répondit « qu'elle pourrait demander à la même personne qui s'en occupait quand elle allait payer ses taxes – ce qui parut plutôt raisonnable[34] ». On voit bien qu'il y avait deux poids, deux mesures. On permettait aux femmes d'avoir une vie publique (et de délaisser la maison momentanément) à titre de contribuables, mais non à titre de citoyennes. S'il fallait que les femmes se mêlent des questions de la cité !

On apprend ensuite dans les livres d'histoire que les femmes ont obtenu le droit de vote en **1918** au fédéral en reconnaissance de leur participation à l'effort de guerre. En 1919, elles obtiendront aussi le droit d'éligibilité. Constat: le droit de vote n'est pas une reconnaissance de l'égalité des femmes, mais une reconnaissance de leur soutien patriotique. Côté égalité, nous ne sommes pas très avancées ! Mais pourquoi le gouvernement, qui était si opposé au droit de vote des femmes, a-t-il décidé de récompenser les mères de la Patrie (oui, oui, une récompense) par l'octroi du droit de vote ? Il aurait pu rémunérer leur travail à sa juste valeur ou donner une prime à la natalité (ce qui nous aurait moins surprises !). Pendant la guerre 1914-1918, le gouvernement conservateur a imposé la conscription et cette décision lui a fait très mal politiquement. Cela a divisé le pays et renforcé les appuis aux libéraux, qui tentaient de prendre le pouvoir après des décennies de gouvernements conservateurs au fédéral. Le gouvernement de l'époque devait trouver à tout prix de nouveaux moyens pour augmenter ses appuis. Comme les femmes étaient réputées conservatrices et gardiennes des traditions, leur accorder le droit de vote s'avérait donc une assurance de se gagner leurs votes.

Dès lors, « accorder » le droit de vote aux femmes n'apparaît plus comme une reconnaissance de leur égalité, de leurs compétences, mais bien comme un calcul politique du gouvernement conservateur pour se maintenir au pouvoir. Ainsi, il est flagrant (et désolant) que l'obtention du droit de vote pour les femmes ne se soit pas accompagné d'un changement de mentalités ni d'une volonté d'inclure les femmes dans la vie citoyenne et démocratique. Traduire l'égalité de droit en égalité de fait s'avère une bataille de longue durée… Une bataille portée par de nombreuses féministes, dont certaines ont tenté, peu après l'obtention du droit d'éligibilité, d'inscrire leurs préoccupations dans la sphère politique. Il importe de rappeler l'importante contribution d'Idola Saint-Jean, qui, dès 1930, s'est portée candidate aux élections fédérales en proposant une plateforme féministe.

Le droit de vote au Québec : un calcul politique du clergé ou un travail d'éducation populaire sans précédent

On aurait pu croire que l'obtention du droit de vote au niveau fédéral aurait accéléré l'obtention du droit de vote pour les femmes dans les provinces canadiennes. Si ce fut le cas dans la plupart des provinces, il en a été bien autrement au Québec, qui fut l'avant-dernière province à céder ce droit aux femmes. Céder est bien le mot comme en témoigne cette brève incursion dans l'antiféminisme des années 1920-1930…

En **1919**, le clergé, qui s'y était auparavant farouchement opposé, change son fusil d'épaule et se déclare favorable au suffrage pour les femmes. C'est que le communisme gagne du terrain et, pour ne pas perdre de fidèles (et gagner le vote conservateur des femmes, encore !), les papes Benoît XV puis Pie XI se montrent ouverts au droit de vote des femmes[35]. Cette décision constitue une bonne nouvelle pour les Québécoises, où l'Église, qui domine sur tous les aspects de la vie en société, limite leur droit d'association aux bonnes œuvres catholiques.

Dans la foulée, en 1922, **Marie Lacoste-Gérin-Lajoie, Thérèse Casgrain** et **Anna Scrimger Lyman** fondent le Comité provincial du suffrage féminin. Afin d'avoir les coudées franches et de tenter de faire cesser les campagnes de propagande menées au Québec, tant par les intellectuels, les hommes politiques que le clergé, Marie Gérin-Lajoie se rend à Rome pour s'assurer que le droit de vote des femmes est désormais conforme aux doctrines de l'Église. Elle est alors court-circuitée par l'un des plus farouches opposants au droit de vote, Henri Bourassa, qui se rend lui aussi à Rome et réussit à convaincre les autorités que la subordination des femmes au Québec fait partie de l'essence même de notre patrie.

Malgré ce revers, à partir du 9 février 1922, une délégation de femmes se rend annuellement à l'Assemblée nationale pour réclamer le droit de vote, délégation à laquelle participera **Idola Saint-Jean**, pionnière du féminisme contemporain. Même si elles réussissent à avoir quelques appuis parmi les députés, la majorité d'entre eux se montre contre le droit de vote et les propos antiféministes fusent lors des audiences en commission parlementaire.

Ce qui ne manque pas d'étonner lorsqu'on lit le déroulement de ces commissions parlementaires[36], c'est la récurrence des arguments et des stratégies antiféministes à travers le temps : vulgarité, dénigrement du féminisme, sexisme, arguments simplistes et démagogiques… on se croirait en 2015 ! Le plus consternant, c'est de savoir que les hommes qui entendent le plaidoyer des femmes en commission parlementaire pour le suffrage féminin sont étonnés de leurs propos rationnels, de leurs argumentaires solides et convaincants (comment ? les femmes peuvent être des personnes de raison ? !). Lorsqu'ils rejettent malgré tout leur demande, année après année, ils se félicitent d'avoir été vigilants et de ne pas avoir succombé à leur argumentaire, qui après tout vient masquer leur réalité de femmes (comme des sirènes qui tentent de séduire et piéger ; elles ont emprunté la voie de la rationalité, mais ce n'est que mystification). On le sait bien, les féministes ne sont pas de vraies femmes, ce sont des êtres dénaturés, diaboliques, desquels il faut se méfier.

En **1938**, après avoir présenté leur requête pour le droit de vote à l'Assemblée nationale pendant près de vingt ans, une délégation d'environ 40 militantes féministes participent pour la première fois à un congrès politique au Québec. Elles réussissent à faire inscrire le suffrage féminin au programme électoral du Parti libéral du Québec.

Pour contrer un des arguments persistants des politiciens contre le droit de vote, selon lequel la majorité des femmes (les vraies femmes, soit les mères de famille et ménagères – pas les bourgeoises contestataires!) n'en veulent pas, elles organisent en **1939** une vaste campagne d'éducation populaire dans les milieux ruraux partout au Québec. Convaincues que les femmes sont en faveur du droit de vote, elles organisent à la mairie de Montréal une simulation de scrutin populaire où les femmes sont invitées à voter pour ou contre le droit de vote. Plus de 3000 femmes y participent et les résultats sont éloquents: plus de 90 % d'entre elles sont pour le suffrage féminin.

En **1940**, le Parti libéral, sous la gouverne d'Adélard Godbout, remporte les élections et les femmes s'empressent de lui rappeler ses promesses (droit de vote des femmes dans la plate-forme du parti). Godbout hésite car il est un fervent catholique et ne veut pas aller à l'encontre du clergé qui mène toujours des campagnes massives contre le droit de vote des femmes. Il rencontre le représentant du clergé et lui dit qu'il subit des pressions extraordinaires de son parti et de ses membres en faveur du droit de vote des femmes. S'il ne peut honorer cet engagement politique, il n'aura d'autre choix que de démissionner. Le vice-président du parti étant un anticlérical notoire, le clergé a cessé ses campagnes de propagande, préférant que les femmes accèdent au droit de vote plutôt que de perdre sa mainmise sur l'État. **Les femmes obtiennent alors le droit de vote, après 20 ans de luttes acharnées**[37].

Bien que l'obtention de ce droit au Québec soit en partie le résultat d'un calcul politique, tant du gouvernement que du clergé, il ne faut pas se leurrer. Si les femmes ont répondu si massivement en faveur du suffrage féminin, c'est qu'elles ont enfin été interpellées comme citoyennes par la vaste campagne d'éducation populaire menée par les militantes de l'époque. L'accès au savoir et à l'éducation, on le voit, est déterminant dans le cheminement des femmes pour leur émancipation. C'est pourquoi les mouvements féministes en ont fait un de leurs chevaux de bataille, partout dans le monde.

La famille comme lieu d'oppression des femmes : l'égalité juridique, une véritable révolution !

L'obtention du droit de vote pour les femmes, comme il n'était pas le fruit d'une transformation profonde des mentalités, n'a pas eu d'impact direct sur l'amélioration de leurs conditions de vie ni sur leur autonomie. En effet, l'idée de nature, on l'a vu, était toujours bien présente, comme en témoigne le double standard en matière de responsabilités parentales ou domestiques, tout comme en matière de sexualité, qui perdure encore aujourd'hui.

Ce fut longtemps le cas en matière d'adultère et de divorce, par exemple, où s'additionnaient les inégalités des sphères publique et privée. À cet égard, dès 1929, des femmes ont réclamé l'égalité des droits pour les femmes mariées. Voici la réalité (aberrante) du **double standard** que nous rapporte le Collectif Clio à cette époque : « On désigne par l'expression "double standard", l'article du Code civil qui permet toujours à un homme de demander la séparation de corps avec son épouse si elle commet l'adultère, alors que ce droit n'est permis à l'épouse qu'à la condition que son mari entretienne sa maîtresse sous le toit conjugal[38]. » Et voici maintenant un extrait des raisons qu'ont invoquées les hommes de loi pour le maintenir : « Quoi qu'on en dise, on sait bien que la blessure faite au cœur de l'épouse n'est pas généralement aussi vive que celle dont souffre le mari trompé par sa femme. [A]u cœur de la femme, le pardon est naturellement plus facile ; parce que aussi pour son esprit, la blessure d'amour-propre est moins cruelle[39] ».

Une belle référence à la femme faible, à la bonne pâte qui pardonne et tolère parce que c'est dans sa nature et dans celle de l'homme d'être volage ! On le voit bien par cet exemple consternant, les femmes n'avaient pas plus de droits dans la famille que dans la sphère publique. Il a fallu l'action conjuguée des féministes, des syndicalistes, puis des femmes en politique, pour modifier progressivement le statut et les droits des femmes. Voici, en rafale, un regard sur les modifications des droits juridiques et de l'institution de la famille qui témoignent de l'apport incontestable des luttes des femmes à la transformation sociale... luttes qui font (enfin) entrer le Québec dans l'ère moderne !

- Les femmes obtiennent l'**abolition de ce double standard** en **1954**.
- Ce n'est que 21 ans après l'obtention du droit de vote et d'éligibilité au provincial qu'une première femme fait son entrée à l'Assemblée nationale. Il s'agit de **Marie-Claire Kirkland**, élue en **1961**. Si on peut se réjouir, avec raison, de cette grande première, les circonstances de son élection démontrent une fois de plus que l'intention n'était pas tant d'avoir une représentation féminine que d'assurer une continuité d'allégeance politique. En effet, Marie-Claire Kirkland remplace son père, un député décédé pendant son mandat.
- L'entrée d'une femme en politique, juriste de profession de surcroît, vient changer la vie des Québécoises. En effet, on lui doit, en **1964**, la loi 64, qui modifie les droits des femmes mariées. C'est alors la **fin de l'incapacité juridique des femmes mariées**. Celles-ci jouissent désormais de certaines libertés à l'intérieur du mariage, dont celle d'exercer une profession sans l'autorisation de leur mari, de gérer leurs propres biens, d'intenter des actions en justice et de conclure des contrats.
- L'année **1968** marque l'autorisation du **mariage civil et du divorce**. Le mariage religieux n'est plus la seule forme d'union reconnue et l'adultère n'est plus le seul motif autorisé pour divorcer.
- En **1977**, l'**autorité parentale** est substituée à celle de chef de famille. Les mères peuvent ainsi prendre des décisions pour leurs enfants. Avant cette date, la mère n'avait aucune autorité légitime et ne pouvait prendre de décision concernant son enfant. Avant cette date par exemple, elle ne pouvait autoriser aucun acte médical, même en cas d'urgence à l'hôpital, sans l'autorisation de son mari.
- **1978** – Les Québécoises ont droit à un **congé de maternité** de 18 semaines payé par l'assurance-chômage. Avant cette date, les femmes qui s'absentaient pour congé de maternité risquaient de perdre leur emploi et devaient subir deux semaines de carence avant de toucher des prestations de maternité (chômage).
- **1980** – Tournant majeur pour les droits des femmes avec la proclamation de la loi 89 qui établit l'**égalité entre les époux** (enfin !) dans la gestion des biens de la famille et l'éducation des enfants.

Les femmes conservent leur nom lors du mariage (certaines le faisaient déjà volontairement, mais, à partir de 1980, les femmes conservent systématiquement leur nom de famille). Elles peuvent choisir leur lieu de résidence (c'est la fin de « qui prend mari, prend pays ») et peuvent transmettre leur nom à leurs enfants. La pratique du *in nomine patris* (au nom du père ou le nom du père) demeure néanmoins majoritaire de nos jours, même si elle relève d'une tradition permettant aux hommes de s'approprier les enfants, la lignée, l'héritage. La transmission du nom de la mère reste marginale, malheureusement !

- **1983** – Les **agressions sexuelles et viols entre conjoints** sont reconnus comme délits. Avant cette date, aucun époux ne pouvait être accusé de viol ou d'agression sexuelle envers sa femme. Il importe toutefois de mentionner que cette formidable avancée tarde à bénéficier aux femmes, lesquelles se sentent peu épaulées et écoutées dans le système judiciaire, qui demeure une des seules voies de dénonciation et de réparation, ce qui ne répond manifestement pas aux besoins des femmes, au vu du nombre d'agressions non dénoncées (entre conjoints ou non).
- **1988** – L'**avortement** n'est plus illégal au Canada. Les femmes gagnent le pouvoir d'autodétermination pour leur propre corps. Personne ne peut les forcer à porter un enfant contre leur gré.
- **1989** – Proclamation de la loi sur le **patrimoine familial** qui prévoit le partage égal des biens familiaux acquis pendant le mariage lors d'un divorce. Elle reconnaît l'investissement des femmes dans la famille, notamment le travail invisible (éducation et soins aux enfants) et vise à maintenir des conditions de vie décentes pour les femmes et leurs enfants après un divorce. Les femmes ont peu profité de cette avancée car elles ont rejeté massivement l'institution du mariage, qui symbolisait l'oppression et la perte de leurs droits. Encore aujourd'hui, les femmes ne bénéficient pas des mêmes droits en cas de séparation d'une union civile ou de simple cohabitation.
- **1995** – L'Assemblée nationale adopte, à l'unanimité, la Loi facilitant le paiement des **pensions alimentaires** en vertu de laquelle est institué un régime de perception universel et automatique.

Une grande avancée pour les femmes et les enfants en matière de conditions de vie puisque nombreux étaient les hommes qui n'honoraient pas les jugements de la cour et se désengageaient de leurs responsabilités financières envers leurs enfants, accentuant ainsi leur situation de pauvreté. C'est ce qui a permis de passer de l'égalité de droit à l'égalité de fait en ce qui concerne le partage du patrimoine familial.

- **1997** – Réforme de la **politique familiale** au Québec. Des années après l'implantation de garderies de toutes sortes (familiales, en milieu de travail ou en milieu scolaire) et à divers tarifs, c'est le développement des **centres de la petite enfance** avec **contribution universelle** à 5 $ par jour dans le système public, ce qui inclut des garderies subventionnées en milieu familial (dans des maisons) ainsi que des installations publiques, avec la même contribution et le même programme éducatif pour les 0-5 ans. L'intention, encore une fois, n'est pas tant de transformer radicalement les inégalités dans le domaine familial, mais bien de favoriser le plein emploi des mères d'enfants en bas âge et ainsi de contribuer à l'essor économique de la société.
- **1998** – Après plus d'un siècle et demi d'interdiction, la **pratique sage-femme** est reconnue et lentement réhabilitée (projet pilote en milieu hospitalier en 1990 et première maison de naissance en 1994). En 1998, un programme universitaire est offert à l'Université du Québec à Trois-Rivières (le seul au Québec), pour former de nouvelles sages-femmes. Ce n'est qu'à partir de **2004** qu'elles sont autorisées à pratiquer des accouchements dans les hôpitaux; puis, la même année, une nouvelle réglementation permet aux femmes d'accoucher à domicile sous la supervision de sages-femmes. Les sages-femmes ne sont plus ainsi confinées aux maisons de naissance, elles peuvent exercer leur pratique et les accouchements dans le lieu souhaité par les femmes et les familles qu'elles accompagnent.
- **2006** – **Régime québécois d'assurance parentale**: 50 semaines de congé payé pour la naissance ou l'adoption d'un enfant, dont 5 semaines, non transférables, sont réservées au père. C'est un gain féministe en faveur de l'implication des pères au sein de la famille,

de la déconstruction des rôles sociaux de sexe ainsi que pour le partage des responsabilités familiales et domestiques.

Cette chronologie partielle montre à quel point les droits des femmes sont très récents et, de ce fait, fragiles. On l'a vu précédemment, les mentalités changent parfois plus lentement encore que les lois, et les résistances antiféministes se font ressentir dès que les avancées des femmes menacent le *statu quo*. Plusieurs obstacles invisibles minent encore la quête d'égalité des femmes, tant au plan politique, économique, social que dans la sphère privée. Que l'on pense à l'autonomie économique, à la diversification des choix professionnels, à l'équité salariale, à la représentation politique ou aux violences qui s'exercent envers les femmes, à l'assignation tacite des femmes à la sphère domestique, force est de constater que les combats pour l'égalité sont loin d'être terminés.

Mouvement des femmes et femmes de pouvoir: des leviers de changement

Cette histoire revisitée témoigne de l'apport des luttes féministes à la transformation sociale. L'égalité entre les sexes, que plusieurs brandissent fièrement comme une valeur fondamentale au Québec (surtout s'il s'agit de s'opposer à de soi-disant menaces intégristes) est le fruit de luttes féministes acharnées, pourtant peu reconnues et tant dénigrées. Il est temps de reconnaître que les assises sociales que nous avons maintenant, dont la politique familiale constitue l'un des piliers, sont le résultat du travail conjugué et persévérant des groupes de femmes sur le terrain, de militantes syndicales et de femmes politiques, à force d'éducation populaire et politique, de plaidoyers et de mobilisation. Cela confirme la nécessité que les femmes soient représentées de façon paritaire dans toutes les instances afin qu'elles puissent témoigner de leurs réalités et proposer des solutions pour enrayer les discriminations et les inégalités persistantes.

Pour en savoir plus sur l'histoire des femmes au Québec, les luttes féministes et les gains sociaux :

- BAILLARGEON, Denyse. *Brève histoire des femmes au Québec*, Montréal, Boréal, 2012.
- COLLECTIF CLIO. *L'histoire des femmes au Québec depuis quatre siècles*, Montréal, Éditions du Jour, 1992.
- CONSEIL DU STATUT DE LA FEMME. *La constante progression des femmes*, Gouvernement du Québec, 2013.

Pour tout savoir sur la mobilisation pour le droit de vote des femmes au Québec... et pour ces femmes qui ont su tenir tête aux renversants propos antiféministes de l'époque :

- FORGET, Nicolle. *Thérèse Casgrain, la gauchiste en collier de perles*, Montréal, éditions Fides, 2013.

1.4. L'antiféminisme : regard sur un contre-mouvement

Le féminisme, comme tout mouvement d'émancipation qui milite pour l'égalité et la justice sociale, a suscité l'émergence d'un contre-mouvement : l'antiféminisme. L'antiféminisme n'est pas un phénomène nouveau. Déjà, en 1929, Virginia Woolf remarquait[40] qu'aux moments charnières de l'histoire du mouvement des femmes correspondaient des temps forts de l'opposition des hommes à l'émancipation des femmes. Bien que l'antiféminisme change de forme et de discours selon les époques et les pays, il demeure toujours présent, puisqu'il agit en concomitance, en réaction, aux luttes des femmes pour l'égalité.

Pourquoi peut-on dire que l'antiféminisme est un contre-mouvement ? D'abord parce qu'il s'articule en réaction au féminisme. L'approche des contre-mouvements est particulièrement féconde pour analyser l'antiféminisme, à partir des caractéristiques suivantes : « Tout mouvement social qui a une certaine visibilité et qui connaît du succès créera les conditions nécessaires à l'émergence et à la mobilisation d'un contre-mouvement ;

- Un contre-mouvement se place donc à la fois en réaction à un mouvement initial et en dépendance à son égard ;

- Un contre-mouvement grandit et améliore sa situation lorsqu'il parvient à montrer les effets dangereux et nuisibles du mouvement initial;
- Le mouvement initial tente de neutraliser, confronter et discréditer le contre-mouvement qui s'oppose à lui, car lorsque ce dernier connaît du succès, le mouvement initial est obligé d'être en mode défensif pour tenter de maintenir le *statu quo*[41] ».

L'antiféminisme n'est donc pas un mouvement qui prône un changement social, mais plutôt un mouvement qui tente de contrecarrer les avancées féministes, en prônant le *statu quo*, voire un retour à un passé idéalisé où les rôles sociaux sont nettement différenciés, et ce, au bénéfice des hommes. Ce contre-mouvement accompagne, inéluctablement, la longue marche des femmes dans leur quête d'égalité.

1.4.1 Sexisme, misogynie, antiféminisme: démêlons tout ça!

Les résistances aux avancées des femmes s'expriment de différentes manières. Démêlons un peu de quoi il s'agit quand on parle de sexisme, de machisme, de misogynie, de masculinisme et d'antiféminisme.

Antiféminisme: contre-mouvement qui réagit au féminisme et tente de montrer ses aspects dangereux, ses dérives et ses effets pervers. L'antiféminisme est une mouvance plus ou moins organisée, composée d'individus réseautés ou non, de groupes d'hommes ou de pères, de groupes mixtes, d'intervenants, de chercheurs, de chroniqueurs, bref, d'hommes et de femmes de tous horizons qui postulent que l'égalité est atteinte. Les luttes féministes, pour les antiféministes, ne sont donc pas souhaitables, elles seraient même allées trop loin. Dans ce contexte, ils perçoivent les féministes qui poursuivent les luttes pour l'égalité comme étant contre les hommes. Les antiféministes réfléchissent au présent en idéalisant un passé auquel ils souhaitent retourner. L'antiféminisme s'accompagne souvent de conservatisme politique, moral et/ou religieux.
Machisme: Ensemble d'attitudes et de croyances qui cherchent à affirmer la supériorité des hommes. Le machisme peut être agressif

ou plutôt bienveillant. Il ne s'accompagne pas nécessairement d'un discours politique, philosophique ou moral; simplement, il remet les femmes à *leur* place.

Masculinisme: Discours qui s'appuient sur une prétendue crise de la masculinité. Bien qu'ils ne remettent pas nécessairement en cause les avancées des femmes ni le mouvement féministe, les masculinistes voient des effets pervers dans les changements apportés par le féminisme, qui nuiraient aux hommes, par exemple, la perte des repères identitaires, la dévalorisation de la masculinité et de la virilité. Il y a aussi une logique de récupération de l'argumentaire de l'oppression des femmes en s'appropriant notamment le terme de « victime ». Ils s'intéressent particulièrement aux thèmes du suicide, du décrochage scolaire, de la garde des enfants, de la violence. Bien que les masculinistes soient constamment en train de calquer ou de mimer les discours et les revendications du mouvement féministe, ils n'appartiennent pas à un mouvement social qui milite pour les droits et l'amélioration des conditions de vie d'un groupe discriminé. En ce sens, le terme « masculinisme » établit une fausse comparaison avec le féminisme, en laissant penser que les tenants de ces idéologies luttent pour l'égalité entre les sexes, les féministes se préoccupant des questions touchant les femmes et les masculinistes, des questions touchant les hommes. Le masculinisme ne s'appuie pas sur des théories, mais plutôt sur des expériences individuelles, qu'il tente de collectiviser.

Misogynie: Haine des femmes.

Sexisme: Schéma cognitif qui divise l'humanité en deux sexes différents, complémentaires et hiérarchisés. Ce schéma s'appuie sur une vision binaire des sexes selon laquelle les femmes sont subordonnées aux hommes. Le sexisme se traduit par des remarques, des comportements, des actions et décisions qui visent à maintenir les rôles sociaux de sexe. Le sexisme est une façon d'inférioriser les femmes et de nier la légitimité de leur quête d'égalité. Les hommes, tout comme les femmes, peuvent tenir des propos sexistes (consciemment ou non).

Sexisme ordinaire: Tout comme le sexisme, le sexisme ordinaire se traduit par des propos, des gestes ou des décisions qui infériorisent les femmes, qui les relèguent au statut d'objet et non de sujet. On utilise l'expression « sexisme ordinaire » pour décrire le sexisme invisible, qui s'exerce au quotidien. Le sexisme ordinaire peut prendre la forme de propos dégradants et/ou péjoratifs à l'encontre des femmes, de stéréotypes sexuels, de blagues douteuses, d'allusions ou de gestes à caractère sexuel, etc. Ce sont de petites remarques et actions tellement habituelles qu'elles deviennent banalisées, normalisées, voire acceptées. C'est un sexisme qui est difficile à identifier et à dénoncer car il est composé d'un amalgame de propos et de geste diffus, véhiculés tant dans la sphère publique que privée. C'est un sexisme insidieux. Le sexisme ordinaire est également un phénomène souvent nié. Plusieurs comportements identifiés comme relevant du sexisme ordinaire peuvent même être considérés comme des compliments par certaines et certains (siffler une fille, lui faire des commentaires sur son apparence, etc.). La non-reconnaissance de ce type de sexisme place les femmes dans des situations frustrantes, qui les poussent souvent à endurer, voire à se taire face à ces attitudes et gestes dommageables, car il est presque impossible de les aborder de front, tant les mythes et les stéréotypes sexuels sont tenaces et masquent aux yeux de ceux qui les commettent, le caractère sexiste de leurs gestes. Tout un travail de déconstruction des clichés s'impose alors, ce qui peut être épuisant, c'est le moins qu'on puisse dire !

Tous ces comportements font partie d'un même phénomène ou contre-mouvement, soit l'antiféminisme. C'est ce contre quoi les féministes et les femmes luttent à travers toutes les époques...

1.4.2 Caractéristiques et stratégies antiféministes

L'antiféminisme est présent à toutes les époques, il accompagne les luttes féministes pour les droits des femmes. S'il se fait parfois discret, c'est qu'il se transforme et prépare un ressac. Bien que l'antiféminisme s'exprime sous des formes variées et par des interlocuteurs de tout acabit, il utilise sensiblement les mêmes arguments et stratégies. Voyons un peu les classiques. Une femme avertie en vaut deux !

Quelques caractéristiques

La simplicité

Les discours des antiféministes, et particulièrement ceux des groupes d'hommes, ont une structure généralement simple. L'argumentation se divise en deux parties. Dans un premier temps, les souffrances des hommes sont décrites ; dans un second temps, on s'en prend à leur cause, généralement les femmes ou les féministes. Par exemple, les hommes vivraient une crise identitaire sans précédent depuis quelques années, leur rôle dans la société et leur identité n'étant plus valorisés. Le mouvement féministe serait responsable du désarroi des hommes, puisqu'il a changé les rapports entre les femmes et les hommes. Il n'y a pas nécessairement de lien entre les deux parties de l'argumentation : il s'agit d'un amalgame d'idées.

L'appel aux émotions

Les antiféministes mystifient souvent leur auditoire en faisant appel aux émotions. Ils utilisent des thèmes qui rejoignent certaines parties de la population dans leur identité parentale ou sociale (comme parents, comme enseignants, comme intervenants, etc.). Ils mettent de l'avant, par exemple, la détresse d'un père qui ne peut voir ses enfants (en omettant de parler des raisons qui ont mené à cette situation) ; l'amour paternel ou la douleur touche les gens pour les rallier à une cause. Dans ce cas, c'est souvent une version très partielle de la réalité qui est présentée. La version qui saura émouvoir. Les personnes émues par de tels propos adhèrent mieux aux explications, même s'il n'y a pas de lien de cause à effet ou que des faits ont été occultés volontairement.

La recherche de la crédibilité

Certains groupes d'hommes antiféministes recherchent la crédibilité en imitant les groupes de femmes dans leur argumentaire, comme s'il y avait symétrie dans les rapports de pouvoir entre les femmes et les hommes. Les hommes à la tête de ces groupes se définissent en tant qu'intervenants en condition masculine, comme si les problèmes de décrochage scolaire, de suicide, d'obtention de la garde d'enfant et autres relevaient d'une discrimination systémique envers les garçons et les hommes. Ils font aussi du lobbying auprès des décideur.e.s et des élu.e.s, dans les ministères et organismes gouvernementaux, ainsi qu'auprès de certains chercheurs qui leur tendent l'oreille.

La démagogie

Les discours antiféministes se caractérisent souvent par l'utilisation de la démagogie, c'est-à-dire des discours qui, par des arguments trompeurs ou des figures de style, manipulent l'opinion publique en faisant croire par exemple que tout ce qu'ils veulent c'est le bien des familles (voir des hommes), en masquant les intérêts des hommes dans certaines revendications ou en omettant la reconduction d'inégalités aux dépens des femmes. Ils utilisent notamment des données citées hors contexte pour justifier leurs positions. Ils présentent des cas selon un seul point de vue et tentent d'en faire des généralisations ou de comparer des problématiques qui ne sont pas de même nature. Ils ont souvent recours à des raccourcis intellectuels, à des amalgames ou utilisent des recherches aux méthodologies boiteuses.

Quelques stratégies

Dépolitiser les revendications féministes

De par leur contenu, les discours antiféministes nuisent à l'avancement des femmes, en dépolitisant leurs revendications, en opposant l'individuel au collectif et en évacuant l'analyse des rapports de pouvoir entre les sexes. Au Québec, ils tentent de réduire la légitimité des revendications du mouvement des femmes en comparant nos conditions de vie à celles qui prévalent ailleurs, nous traitant ainsi de privilégiées et répandant le mythe de l'égalité-déjà-atteinte. Cela ouvre ensuite la porte à la symétrisation des problèmes des hommes et des femmes, le tout posé en termes d'égalité !

Détourner le sens des actions

Une des stratégies antiféministes souvent utilisées est de se servir des événements organisés par les féministes pour en détourner le sens. Par exemple, profiter de la Journée internationale des femmes pour montrer les femmes sous un jour négatif ou pour parler du désarroi des hommes. Tenter de miner des activités (tables rondes, débats, journées d'échanges, etc.) en intervenant hors contexte, et plus souvent qu'autrement en premier, en mettant l'accent sur le vécu et les problèmes des hommes, même si c'est un événement organisé par les femmes et qui traite de condition féminine. On voit aussi de plus en plus d'activités concernant les femmes où seuls des hommes sont invités à prendre la parole[42]. Comme si l'égalité entre les hommes et les femmes était atteinte et que, pour impliquer davantage les hommes dans la cause de l'égalité (mais de quelle égalité ? !), il fallait les mettre à l'avant-plan. C'est un détournement du pouvoir des femmes et de leurs luttes.

Désinformer

La désinformation opérée par les antiféministes prend deux formes principales : l'utilisation de fausses informations et de statistiques erronées, ainsi que la généralisation de cas individuels pour en faire des problématiques collectives. Par exemple, citer des données sur les coups portés lors de signalements de violence, en évacuant le contexte de violence conjugale et les cas de légitime défense. Le mythe de l'égalité-déjà-là participe souvent de la désinformation.

Discréditer le féminisme et ses porte-parole

Affirmer que le féminisme est dépassé est sûrement l'une des stratégies les plus utilisées par les antiféministes ! Pour ce faire, ils s'en prennent aux féministes, en leur accolant toutes sortes d'étiquettes plus péjoratives les unes que les autres (folles, frustrées, etc.). Ils tentent de montrer que le féminisme ne représente pas la majorité des femmes. Ils s'en prennent aussi aux porte-parole des mouvements féministes et aux femmes de pouvoir, par des attaques personnelles, portant souvent sur leur apparence physique, leur sexualité ou leurs émotions. Ils tentent de réduire ces femmes à leur fonction maternelle ou à leur rôle domestique. Par exemple, Hillary Clinton, dans la course à la présidence des États-Unis, se faisait crier « retourne à tes casseroles ! ». Quand tout cela n'arrive pas à les faire taire, il n'est pas rare que des allusions ou des menaces de violence ou d'agressions sexuelles soient proférées à leur encontre.

Diviser la société, les femmes et les féministes

Diviser pour mieux régner est une maxime qu'appliquent les antiféministes. Ils tentent de séparer les femmes des hommes, les féministes des non-féministes, les féministes des proféministes, etc. Ils tentent de désolidariser la société. Ils tentent de montrer que les femmes, « les vraies », ne veulent plus du féminisme, en opposant des femmes qui disent ne plus en avoir besoin, et qui souvent sont dans des positions privilégiées, aux militantes. Ils jouent ainsi d'un autre cliché, celui de la compétition entre femmes (on pourrait même dire que les « femmes rivales » est un autre archétype), afin d'enlever aux femmes leur pouvoir d'association et leur force de changement.

Pour en savoir plus sur les caractéristiques et stratégies antiféministes et leurs impacts sur le mouvement des femmes...

- BLAIS, Mélissa et Francis DUPUIS-DÉRI (dir.). *Le mouvement masculiniste au Québec. L'antiféminisme démasqué*, réédition, Montréal, Éditions du remue-ménage, 2015.
- DUMONT, Micheline. « Cent ans d'antiféminisme », *Le Devoir*, 5 décembre 2009 : <www.ledevoir.com/societe/actualites-en-societe/278637/cent-ans-d-antifeminisme>.
- GOULET, Émilie. « Répercussions du discours antiféministe dans les médias sur le mouvement des femmes québécois », dans Dominique Bourque, Francine Descarries et Caroline Désy (dir.), *De l'assignation à l'éclatement. Continuités et ruptures dans la représentation des femmes*, Les Cahiers de l'IREF, collection « Agora », n° 5, 2013, p. 57-67.
- LAMOUREUX, Diane et Francis DUPUIS-DÉRI (dir.). *Les antiféminismes. Analyse d'un discours réactionnaire*, Montréal, Éditions du remue-ménage, 2015.

2. LES MYTHES À L'ÉPREUVE DES FAITS

Le féminisme n'a jamais tué personne,
le machisme tue tous les jours.

Benoîte Groult

Il n'est pas rare de rencontrer de ces hommes (et parfois des femmes, il faut le dire) qui se font un devoir de « faire l'avocat du diable » et qui tentent de convaincre leur auditoire que les temps ont bien changé, que l'égalité est atteinte (sauf pour quelques broutilles qui ne sauraient tarder à se régler) et que les féministes sont dépassées (pour le dire en termes aimables). S'ensuivent des discussions, le plus souvent nécessaires – il faut bien mettre un frein à l'ignorance –, mais exaspérantes, voire révoltantes.

Les discussions dans lesquelles l'égalité-déjà-atteinte est posée comme un postulat amènent les féministes dans une posture de défense, avec le fardeau de trouver des arguments solides pour réfuter des affirmations. Ces discussions demandent aussi de naviguer dans des eaux où les discriminations et les préjugés jouissent d'autant de crédibilité que des arguments factuels et sérieux, amenant ainsi un lot de confusion et d'amalgames douteux.

Le problème dans ces débats, c'est qu'ils font trop souvent fi des inégalités systémiques persistantes et des systèmes d'oppression qui maintiennent et reproduisent ces inégalités. Des situations particulières, comme les succès de quelques-unes, viennent détourner l'attention d'un système, qu'il s'agit de critiquer. En occultant l'analyse systémique, on renvoie chaque femme à son parcours personnel, à ses responsabilités. On lui demande « Pourquoi es-tu pauvre, toi ? », au lieu de « Pourquoi les femmes sont-elles plus pauvres ? » Cela établit aussi une symétrie entre les luttes des femmes pour l'égalité et les problématiques spécifiques des hommes, qui découlent le plus souvent des stéréotypes sexuels, donc de préjugés et non pas de discrimination. Si l'on doit lutter pour mettre fin aux uns comme aux autres (et les féministes le font !), ils n'ont pas la même teneur ni les mêmes conséquences.

Dans un contexte où l'égalité pour les femmes est loin d'être atteinte, où les attaques aux droits des femmes se multiplient et où le financement des organismes, des programmes et des mesures spécifiques pour les femmes est réduit comme peau de chagrin, les dangers de détourner les énergies et les ressources pour l'égalité des femmes au profit des hommes sont grands. Ce mythe de l'égalité-déjà-atteinte se décline à toutes les sauces, sur tous les tons et affecte toutes les sphères de la vie des femmes. Il fragilise leurs acquis et ralentit leur progression.

C'est pourquoi il faut s'attaquer aux mythes qui sèment la confusion dans l'esprit de bien des gens, en plus de saboter les luttes des femmes et de les mettre en péril. Commençons par les reconnaître et les expliquer. Aux mythes, on ne peut qu'opposer des faits ! Toutefois, comme notre intention n'est pas de convier les féministes à une bataille de chiffres, nous proposons des arguments appuyés sur des statistiques probantes et vérifiables, autant que des arguments qualitatifs, basés sur nos observations et l'expérience des femmes. Car après tout, c'est là une des bases du féminisme : reconnaître le savoir des femmes, identifier les injustices, collectiviser le vécu de l'oppression pour définir nos luttes et faire place à la parole des femmes, pour que chacune puisse prendre sa place. Alors, prêtes ? Allons-y.

2.1 La société matriarcale et l'égalité-déjà-atteinte

Pour déconstruire les mythes et rétablir les faits, commençons donc par le mythe le plus répandu et le plus persistant: le mythe de l'égalité-déjà-atteinte! Ah! Au Québec, paraît il, nous aurions la chance – une véritable exception dans le monde – d'avoir réalisé l'égalité entre les femmes et les hommes. Oui, oui, on vous le jure! Bon, on concèdera qu'il reste quelques écarts par-ci, par-là entre les hommes et les femmes, mais ceux-ci se résorberont d'eux-mêmes par l'avancement naturel des mentalités. La faible représentation des femmes en politique, les inégalités salariales, la violence sexuelle? Quelques broutilles de féministes qui se cherchent des causes et du financement pour poursuivre des luttes dépassées.

Pour plusieurs, les inégalités sociales reposent sur des choix et des parcours individuels. Si les femmes sont dans des métiers moins lucratifs ou qu'elles ne s'investissent pas en politique, notamment, c'est qu'elles ne sont pas intéressées ou font le choix de la famille. Il faut respecter ces «choix», peu importe les conséquences pour les femmes (ce dont on ne veut pas entendre parler!) et la société entière. Comme il n'y a pas de consensus sur les barrières invisibles qui font obstacle à l'égalité des femmes (parce qu'elles sont invisibles, justement!), il est possible de parler à tort et à travers des conditions de vie des femmes et de les comparer avec celles des hommes, en écartant la dimension systémique des inégalités.

D'ailleurs, il n'est pas rare que les avancées des femmes, gagnées de haute lutte, soient prises comme exemple pour faire croire à l'égalité. Comme si avoir le droit de vote et d'éligibilité ou l'équité salariale – des gains indispensables, mais jamais assurés – avait tout réglé. Dès lors, il arrive souvent de se faire rabattre les oreilles avec la nécessité de s'occuper maintenant des hommes, qui seraient les victimes des transformations sociales apportées par le féminisme (sauf leurs privilèges, ils n'ont rien perdu!). Plus farfelu, mais récurrent tout de même, on soutient que nous vivons au Québec dans une société matriarcale! Vraiment?

« Le Québec est une société matriarcale, les femmes et les féministes sont partout... »

- Le Québec, à l'instar des autres sociétés occidentales, n'a jamais été une société matriarcale. Certains peuples autochtones avaient une gouvernance de type matriarcal, ce que la colonisation s'est acharnée à détruire.
- Au Québec, comme dans tous les pays du monde, nous vivons dans un système patriarcal où la classe des hommes, en tant que groupe social, détient encore le pouvoir et les privilèges, au détriment des femmes.
- La politique, l'économie, le clergé, la finance (les banques et les grandes entreprises), l'armée, les sports et les médias, des lieux de pouvoir et d'influence, sont encore largement entre les mains des hommes.
- Ce sont des hommes qui sont à la tête des institutions internationales les plus influentes telles que l'OTAN, l'Organisation mondiale du commerce (OMC), la Banque mondiale, l'OCDE et l'ONU. On ne retrouve qu'une femme parmi les dirigeants du G8.
- Les femmes sont loin d'être partout ! Elles occupent encore majoritairement les mêmes secteurs d'emploi qu'autrefois, soit la santé, l'éducation et les services : un prolongement de leur rôle de reproductrices et de soignantes dans la famille. De plus, le taux plus élevé de diplomation des femmes ne se traduit pas par des gains au plan salarial.
- Les femmes représentent la majorité des personnes en situation de vulnérabilité et de pauvreté, au Québec comme partout dans le monde...

Si c'est ça vivre dans un matriarcat...

« Les féministes sont allées trop loin, au détriment des hommes... »

- Chaque fois que les femmes améliorent leur situation socioéconomique, il y a des retombées positives pour les personnes les plus vulnérables; c'est alors toute la société qui en bénéficie. Pensons notamment au système de garderie public, au Régime québécois d'assurance parentale, à la diversification des choix de carrière, à la reconnaissance des métiers de services, etc.

- Les féministes militent pour plus d'égalité, de justice et d'équité. Cela passe par des mesures d'accessibilité, d'universalité et de gratuité, revendications qui bénéficient à toute la population. Les féministes défendent le bien commun.
- Les féministes déconstruisent les stéréotypes de genre et décloisonnent les rôles traditionnels dans la famille. Leurs luttes apportent plus de liberté pour chacun.e (notamment en matière de sexualité) et ont permis aux hommes de vivre pleinement leur paternité.
- Il faut rappeler que des discriminations systémiques comme celles qui s'exercent contre les femmes présupposent que quelqu'un profite de cette injustice. Une injustice entraîne nécessairement un avantage pour quelqu'un d'autre, dans ce cas-ci les hommes. Pour atteindre une réelle égalité entre les femmes et les hommes, il importe que les hommes prennent conscience, au-delà de leur situation individuelle, de leur position dominante dans la société et reconnaissent qu'ils bénéficient d'un système de privilèges. Tant que les hommes n'auront pas renoncé à leurs privilèges et que nous évoluerons dans une société patriarcale où le pouvoir est encore entre les mains des hommes, nous ne pourrons pas dire que l'égalité est atteinte. Cela ne se fait pas en effet sans renoncement, mais la seule chose que les hommes perdent, c'est leur situation injustement privilégiée.
- On entend souvent que l'égalité de droit est atteinte pour les femmes, que c'est l'égalité de fait qui reste à concrétiser... Pourtant, l'égalité de droit n'est pas atteinte au Canada pour toutes les femmes: les femmes autochtones, les réfugiées, les femmes migrantes, etc. n'ont pas les mêmes droits que les autres.
- Les contributions féministes à la pensée et à l'art enrichissent et complexifient toute la culture et le savoir universels, donc pour le bénéfice des hommes aussi.

L'égalité de fait n'est pas atteinte, au Québec comme ailleurs. En voici quelques exemples :

- En 2010, les femmes gagnaient en moyenne 75 % du revenu des hommes[1] ;
- 57,4 % des travailleurs rémunérés au salaire minimum étaient des femmes, en 2012[2] ;
- Les femmes effectuent la majorité du travail invisible : tâches domestiques, soins aux enfants et aux proches[3] ;
- 78 % des familles monoparentales ont une femme à leur tête au Québec en 2011[4] ;
- Elles représentent moins de 30 % des effectifs en politique (fédérale, provinciale et municipale) et environ 15 % des membres des conseils d'administration des grandes entreprises[5] ;
- Elles représentent 80 % des victimes de violence conjugale et 97 % des victimes d'agressions sexuelles[6].

… quelle formidable égalité ! De quoi rendre effectivement jaloux les hommes de notre situation privilégiée !

2.2 Discrimination et égalité symétriques

Une des stratégies des antiféministes est de prétendre que leurs luttes visent l'égalité. Il faudrait par exemple inscrire les besoins ou problèmes spécifiques des hommes dans les politiques gouvernementales, de la même manière que pour les femmes. Car selon les tenants de la mouvance masculiniste, les problèmes des hommes seraient le fruit de discriminations à leur égard, qui les empêcheraient d'atteindre eux aussi l'égalité. Cette symétrisation des enjeux touchant les hommes et les femmes fait fi des **discriminations systémiques** à l'encontre de ces dernières. Si les réalités spécifiques des hommes sont sans conteste importantes et qu'elles doivent être prises en compte, affirmer qu'elles sont le résultat de discriminations, c'est nier que les hommes constituent le groupe dominant dans nos sociétés et qu'ils détiennent encore, collectivement, les privilèges.

Ce qui est d'autant plus inquiétant, c'est que cette mouvance s'est institutionnalisée depuis les dernières années, c'est-à-dire qu'elle a trouvé une écoute auprès des fonctionnaires et élu.e.s, en faisant valoir des principes d'égalité. De ce fait, se développe un discours sur l'absence des hommes des programmes et politiques publics (qui auraient été modelés par des féministes) et sur l'urgence de corriger le tir. Les risques de recul sont aujourd'hui exponentiels, dans le contexte de politiques d'austérité qui fragilisent les femmes et dont les élu.e.s n'ont de cesse de clamer la neutralité, en déclarant que l'utilisation de l'analyse différenciée selon les sexes n'est plus nécessaire... Et pourtant!

« Au Québec, les hommes sont victimes de discrimination fondée sur le sexe, il est temps qu'on s'occupe de leurs problèmes... »

- Les discriminations vécues par les hommes sont le fait de leur appartenance à une classe opprimée (comme les minorités ethniques, religieuses, sexuelles, etc.). Par exemple, un homme peut être victime de racisme, de colonialisme, d'homophobie ou d'âgisme, mais pas de sexisme puisqu'il fait partie de la classe de sexe dominante. Les inégalités vécues par les hommes ne découlent donc pas de rapports sociaux de sexe inégaux.
- Se définir comme victime dans une société où les hommes blancs, hétérosexuels, de classe moyenne et aisée dominent politiquement, socialement et économiquement est une stratégie pour faire taire les revendications des groupes discriminés[7].
- Lorsqu'un groupe dominé refuse d'être victime – ici les femmes –, le groupe dominant ressent le besoin de contre-attaquer pour préserver sa position dominante.
- Les « problèmes » des hommes ont toujours été pris en compte dans notre société, plus souvent qu'autrement par les femmes, principales responsables du bien-être et de la santé des hommes et des enfants... en s'oubliant souvent elles-mêmes.
- Les réalités spécifiques des hommes et des femmes ne sont pas en opposition. Il importe d'agir sur toutes les situations problématiques, en s'attaquant aux causes différenciées et avec des moyens adaptés aux diverses réalités... sans perdre de vue l'objectif de l'atteinte de l'égalité pour toutes les femmes.

« Il n'y a pas autant de ressources pour les problèmes spécifiques des hommes que pour les femmes, c'est une injustice... »

- Les systèmes de santé, d'éducation, de justice, etc. ont été pensés par des hommes et pour des hommes. Lorsqu'on parle de soins de santé universels, par exemple, le référent est l'homme. On n'a donc pas à adapter les soins pour eux, ils le sont déjà.
- Les femmes se sont mobilisées pour mettre sur pied des organismes pour les femmes. Elles l'ont fait très souvent bénévolement, pour répondre à des besoins criants, et ce, devant l'absence de ressources spécifiques pour les femmes.
- Les organismes développés par et pour les femmes l'ont été avec l'objectif de pallier les inégalités vécues par les femmes, de contrer les impacts de l'oppression (violence, agressions sexuelles, isolement, etc.).
- Dans une société patriarcale où les femmes demeurent défavorisées et victimes de violence, il est souhaitable qu'il y ait plus de ressources pour elles. (Bien que nous préférerions ne pas en avoir besoin...) Les organismes de services aux femmes ont aussi une mission de transformation sociale.
- Les organismes qui viennent en aide aux femmes sont portés à bout de bras par le mouvement des femmes depuis plus de 40 ans. Ils demeurent précaires, sous-financés et peinent à répondre à la demande.
- Les ressources pour les hommes sont importantes si elles répondent à des besoins spécifiques auxquels le système public ne peut répondre. Elles ne doivent cependant pas être financées au détriment des ressources pour les femmes, qui ont grand besoin d'être consolidées, ni en niant ou en banalisant les réalités et les besoins des femmes.

« Des mesures de discrimination positive sont nécessaires pour permettre aux hommes d'investir des domaines d'emploi féminins et l'université, où les étudiantes sont maintenant majoritaires, par exemple en médecine... »

- Les programmes que l'on qualifie de discrimination positive sont en fait des mesures d'accès à l'égalité dans les institutions publiques, qui visent à contrecarrer les discriminations systémiques subies par un groupe social.
- Les mesures d'accès à l'emploi ou aux études sont des mesures de réparation envers les groupes discriminés. Ces mesures visent à rattraper le retard causé par l'exclusion historique des groupes discriminés des institutions publiques et démocratiques. Les hommes ne font manifestement pas partie des groupes discriminés, ceux-ci ayant toujours eu accès à l'éducation et au marché du travail !
- Les hommes ne rencontrent pas d'obstacles ou de discriminations d'ordre systémique qui freinent leur accès à des domaines d'études ou d'emploi, qu'ils soient traditionnellement féminins ou non. Ils sont plutôt accueillis à bras ouverts dans les domaines traditionnellement associés aux femmes (éducation en garderie, enseignement préscolaire et primaire, santé, etc.), tant sur les bancs d'école que sur le marché du travail.
- Cela ne veut pas dire que les hommes ne font pas face à des préjugés, souvent de la part d'autres hommes. Les stéréotypes sexuels ont la vie dure, on le sait. Les perceptions et les préjugés que les hommes entretiennent face aux domaines d'études et aux emplois traditionnellement féminins sont les plus grands obstacles à leur progression. Les mesures d'accès à l'égalité ne permettent pas de régler ce problème.
- En ce qui a trait aux domaines d'études traditionnellement masculins où les femmes sont maintenant majoritaires, rappelons que les femmes ont fait leur place dans ces chasses gardées masculines de haute lutte (et il est encore tôt pour crier victoire) et que les critères d'entrée dans les différentes facultés universitaires, qui ont toujours été basés sur le référent masculin, n'ont pas changé pour en faciliter l'accès aux femmes.

- Il est intéressant de constater que des questionnements sur les critères d'admission dans certains domaines d'études émergent alors que les femmes y sont nombreuses et qu'elles performent bien. Les hommes auraient-ils peur de se voir sous-représentés dans ces professions (médecine, droit, etc.) et ainsi de perdre du pouvoir et des privilèges ?
- Par ailleurs, notons que si les étudiantes sont majoritaires en médecine et en droit, par exemple, elles ne le sont pas dans l'ensemble de la profession, encore moins dans les spécialités (neurologie, cardiologie, urologie, etc.). Les femmes sont encore concentrées dans des secteurs d'emploi moins prestigieux et moins bien rémunérés (droit de la famille *versus* droit international, par exemple) à l'intérieur de ces professions[8].

... Pourquoi, lorsque les femmes sont un peu plus nombreuses que 50 % dans un domaine, crions-nous à l'excès plutôt que de célébrer l'éclatement d'un plafond de verre ?

> ... les hommes sont victimes de leurs propres préjugés. Aucune mesure ne peut déconstruire cela. Il faut travailler en amont, avec de la sensibilisation... ouvrir le champ des possibles à toutes les filles et à tous les garçons, les femmes et les hommes, afin que toutes et tous puissent réaliser leur plein potentiel.
>
> Pour des clés pour déconstruire les clichés : <www.zerocliche.com>.

2.3 Le suicide

L'argumentaire antiféministe explique le désarroi des hommes par une crise identitaire masculine. Selon cette prémisse, la révolution féministe, qui a chamboulé les rôles sociaux de sexe et a rendu les identités de genre plus floues, aurait contribué à dévaloriser les hommes, à les dénaturer, pire : à les émasculer. (On le sait bien, les femmes sont des castratrices, Freud l'a dit !) Or, cette perte des repères identitaires et surtout la mise au rancart du modèle pourvoyeur-ménagère, qui positionnait l'homme comme protecteur, responsable et maître de sa famille, auraient enlevé aux hommes toute leur substance, leur raison d'être. Bref, les hommes seraient incapables de supporter de vivre avec une vision de la masculinité qui est égalitaire et non dominatrice. Nous ne croyons pas à cette thèse.

« L'écart observé entre les taux de suicide des hommes et des femmes a augmenté depuis les grandes transformations sociales suscitées par le féminisme... »

- Partout dans le monde, le taux de suicide des hommes est plus élevé que celui des femmes. Cela a d'ailleurs toujours été le cas, à toutes les époques.
- Le taux plus élevé de suicide des hommes n'est pas une particularité québécoise[9].
- Le taux de suicide au Québec baisse depuis les années 2000. Le taux ajusté de suicide estimé en 2011 ramènerait ainsi le risque de décès par suicide au niveau de ceux observés au Québec avant 1976[10].
- Le taux de suicide est plus élevé au Québec que dans la majorité des pays, et ce, tant chez les hommes que chez les femmes.
- En 2011, le taux de suicide des Québécois se situait au 10ᵉ rang parmi les pays membres de l'OCDE, alors que celui des femmes se situait au 9ᵉ rang.
- Les hommes utilisent des moyens plus létaux pour se suicider – armes à feu, par exemple – et « réussissent » davantage leur suicide que les femmes.
- Le taux de suicide élevé des hommes masque le taux de détresse psychologique et de tentatives de suicide très élevé des femmes :
  - Presque autant de femmes que d'hommes affirment avoir eu des idées suicidaires, soit respectivement 2,2 % chez les femmes et 2,5 % chez les hommes.
  - Les femmes sont trois fois plus nombreuses que les hommes à déclarer avoir fait une tentative de suicide.
  - Les femmes sont proportionnellement plus nombreuses que les hommes à se classer à un niveau élevé sur l'échelle de détresse psychologique, et ce, dans l'ensemble des groupes d'âge, soit 23,2 % chez les femmes comparativement à 16,6 % pour les hommes[11].

Il n'y a donc pas de lien entre le taux de suicide des hommes et l'avancement des droits des femmes.

« Les hommes se suicident davantage que les femmes car leur rôle (pourvoyeur) et leur identité (masculinité, virilité...) ne sont plus valorisés dans la société... »

- En fait, on constate que ce sont les hommes qui correspondent le moins au modèle dominant (blanc, hétérosexuel, pourvoyeur) ou qui ne se sentent pas à l'aise, voire rejetés et stigmatisés, qui ont le taux de suicide le plus élevé :
  - Les jeunes hommes homosexuels, transsexuels ou en questionnement sur leur identité sexuelle ont un taux de suicide 7 à 13 fois plus élevé que les hommes en général[12].
  - Les jeunes hommes autochtones ont un taux de suicide 5 à 6 fois plus élevé que chez les non-Autochtones (Santé Canada) et 10 fois supérieur chez les hommes inuits[13].
  - Le suicide des hommes est très souvent lié à leur inadéquation avec le modèle de l'homme traditionnel et à l'intimidation, aux jugements et préjugés qu'ils vivent car ils ne correspondent pas aux stéréotypes (ex. : homme qui perd son emploi et qui ne peut plus être pourvoyeur).

> Il importe d'aller au-delà des chiffres les plus fréquemment présentés en ce qui a trait au suicide. Le taux élevé de suicide des hommes fait oublier le taux élevé de détresse psychologique et le taux supérieur de tentatives de suicide chez les femmes. Il importe d'en tenir compte, tant dans la prévention que dans l'intervention et de développer des approches spécifiques selon les sexes.
>
> Quant à la proportion de suicides qui seraient liés à la stigmatisation sociale, le retour aux valeurs et aux rôles sociaux traditionnels ne ferait que marginaliser et ostraciser davantage les hommes qui ne veulent ou ne peuvent pas correspondre au modèle de masculinité.

Lutter contre les stéréotypes sexuels, favoriser la déconstruction des catégories de genre, repenser les rôles sociaux et lutter contre tous les systèmes d'oppression serait plus efficace que de valoriser un modèle unique de masculinité/féminité dans la lutte au suicide des hommes et des femmes.

2.4 La garde des enfants

La rupture et la garde des enfants sont des thèmes de prédilection pour les groupes qui œuvrent pour la valorisation de la paternité, dont certains utilisent des rhétoriques antiféministes, voire masculinistes. Sous le couvert d'enjeux et de revendications fort louables, comme le renforcement de l'engagement paternel auprès des enfants, des dérives antiféministes pointent à l'horizon. Car plus souvent qu'autrement, il est question de l'engagement paternel au moment de la rupture et du partage de la garde des enfants, mais très peu du rôle du père dans la famille et de son investissement dans les responsabilités domestiques et les soins aux enfants, qui sont encore majoritairement à la charge des femmes. S'il est indéniable qu'un engagement accru des pères dans la famille et auprès des enfants est souhaité, les arguments et les stratégies utilisés sont susceptibles de mettre en péril les droits des femmes.

En effet, si la mouvance pour les droits des pères a changé de forme au cours des dernières années, délaissant les costumes de superhéros et l'ascension des ponts pour viser désormais l'adaptation des politiques publiques aux réalités des pères, elle occulte toujours les inégalités systémiques à l'œuvre dans nos sociétés patriarcales. Ainsi, les tenants de cette mouvance qu'on peut qualifier d'antiféministe s'appuient sur des arguments détournés de leur contexte pour mettre en évidence la souffrance des hommes et surtout des pères. Par exemple, la plus récente étude du Regroupement pour la valorisation de la paternité note que: « les pères demeurent encore les plus grands pourvoyeurs de pension alimentaire, ce qui a une incidence sur leur situation financière[14] ». Si cette donnée est vraie, il faut toutefois tenir compte des causes de cette situation, notamment le fait que la majorité des hommes gagnent un salaire plus élevé que les femmes et que les pensions alimentaires servent au bien-être de leur enfant, sans quoi plusieurs seraient en situation de pauvreté.

Faisant appel aux émotions et aux valeurs de justice et d'égalité, qu'ils distorsionnent à leur profit, ils accusent les politiques et la société d'être responsables de leurs situations présumées injustes, sans considérer le rôle dominant que les hommes, dont les pères font partie, occupent dans la société, comme en témoigne un autre des constats de l'étude citée précédemment: « La perception et le soutien de la conjointe avant la séparation jouent un rôle important dans la désignation des modalités de garde post-séparation[15]. » En d'autres mots, c'est l'attitude des conjointes et le soutien qu'elles apportent au père dans son rôle auprès de l'enfant qui seront garants de la réussite ou non de la conjugalité et de la parentalité et, en cas de rupture, de l'implication ou non des pères auprès de l'enfant. Ainsi, c'est bien de l'assignation tacite des femmes à la sphère domestique et familiale qu'il est question ici. Et c'est sur les femmes que pèse la responsabilité d'une rupture harmonieuse facilitant l'engagement du père...

Et que dire du spectre de l'aliénation parentale brandi à tous vents contre les mères... Voici la définition et la démonstration qu'en fait l'Après-Rupture: « processus par lequel un parent programme l'esprit des enfants de façon à exclure l'autre parent de leur vie. Comme la publicité, le succès de l'opération dépend de la répétition du message [...] et comme les tribunaux accordent trop souvent la garde aux mères, ce sont les mères qui disposent des conditions les plus propices pour s'adonner à cette pratique[16] ». La rhétorique antiféministe à son meilleur: raccourcis intellectuels, démagogie, victimisation des hommes et démonisation des femmes... Ouf! Rétablissons donc quelques faits en ce qui a trait à la garde des enfants!

« Le système de justice privilégie habituellement la mère pour la garde des enfants, au détriment des pères. »

- Au Québec, 80 % des cas de séparation ou de divorce se règlent hors cour, à l'amiable, en ce qui a trait à la garde des enfants[17].

- 10 % des jugements le sont par défaut parce que l'un des parents est absent lors du jugement. Ce sont les pères qui s'absentent dans 75 % des cas.
- 10 % des jugements font l'objet d'une bataille juridique. Dans ces cas, lorsque l'enfant a moins de 5 ans, la garde est attribuée majoritairement à la mère. Lorsque l'enfant a 5 ans et plus, c'est la garde partagée qui est majoritairement appliquée.
- Ce ne sont pas tous les pères ni toutes les mères qui désirent avoir la garde de leurs enfants.

« Le système de justice est contrôlé par les féministes, qui veulent déposséder les hommes de leur rôle de père et les ruiner avec des pensions alimentaires injustifiées. »

- Le système de justice est encore une chasse gardée des hommes : on compte une proportion 64 femmes juges pour 218 hommes dans les cours de justice au Québec[18].
- Les pères ont commencé à s'associer pour revendiquer la garde de leurs enfants dans la foulée de la Loi sur le prélèvement automatique des pensions alimentaires, donc au moment où ils devenaient obligés de payer une pension alimentaire s'ils n'assumaient pas une garde partagée[19]. Une coïncidence, vous pensez ?
- Plus les hommes ont des situations financières précaires, moins ils demandent la garde partagée, mais lorsque l'écart de revenu s'accroît au profit des hommes, ils demandent plus systématiquement la garde partagée[20]. On constate malheureusement que les hommes sont peu nombreux à demander la garde partagée quand ils n'ont pas d'argent à perdre, en l'occurrence une pension alimentaire à payer.
- Beaucoup de femmes sont prêtes à renoncer à leurs droits pour préserver l'« harmonie familiale ».
- Les revendications des groupes antiféministes au sujet de la garde des enfants concernent uniquement le droit des pères sans égard aux droits des enfants, alors que la compétence parentale devrait être le premier aspect considéré au regard du bien-être des enfants.

- Il semble que la persistance de l'assignation des femmes à la sphère domestique et aux soins des enfants, surtout dans la petite enfance, se reflète dans l'engagement des pères lors de séparation :
  - Lors des ententes hors cour, c'est majoritairement la mère qui obtient la garde ; les parents s'entendent donc pour perpétuer les rôles sociaux traditionnels, où les femmes demeurent les principales responsables des soins aux enfants[21].
  - Les femmes représentent 78 % des chefs de familles monoparentales et 81 % dans le cas des enfants de moins de 6 ans[22] (CSF, 2015).

... Les féministes revendiquent le partage des rôles parentaux, des responsabilités et des revenus, pas la monoparentalité !

« Plusieurs hommes sont victimes de fausses accusations ou d'aliénation parentale de la part de leur ex-conjointe dans le but de les empêcher d'obtenir la garde de leurs enfants. »

- Dans la décision liée à la garde des enfants, ce sont les intérêts de l'enfant qui prédominent et non les droits des pères ou des mères, comme le préconisent ou le sous-entendent certains groupes de pères.
- Les cas de violence conjugale sont souvent traités séparément des dossiers de garde des enfants, ce qui peut avoir des conséquences dramatiques pour les femmes et les enfants[23] :
  - Si une mère a été victime de violence conjugale par son ex-conjoint et qu'elle veut la garde exclusive, elle peut évoquer cette situation au tribunal. Or, il arrive souvent que cette demande soit rejetée si l'enfant n'a pas été lui-même victime de violence.
  - Au nom de l'intérêt et du droit de l'enfant à conserver un lien avec ses deux parents, les juges préfèrent maintenir le parent violent dans la vie de l'enfant et par conséquent dans la vie de la mère.
  - Pour les hommes reconnus coupables de violence conjugale, la garde partagée peut représenter une façon de garder une mainmise sur leur ex-conjointe.

- Les allégations d'aliénation parentale[24], faites par les pères à l'encontre des mères peuvent contribuer à masquer de réelles situations d'abus. Les dévoilements d'agressions sexuelles doivent être pris au sérieux.
- Il y a plus de signalements d'abus à l'encontre d'un des parents lors de séparation car le dévoilement de la situation d'abus motive bien souvent la décision de mettre fin à l'union et ainsi de protéger l'enfant. Les cas de fausses accusations en matière d'agressions à caractère sexuel sont très rares, et ce, indépendamment de l'âge des victimes. Au contraire, dans la majorité des cas, les victimes gardent le silence plutôt que de dénoncer les situations d'abus.

Il importe donc de croire les femmes et de mettre fin aux situations d'abus et de violence.

2.5 La violence

La violence est l'un des axes centraux de l'argumentation masculiniste. Depuis des années, certains groupes cherchent à faire reconnaître la souffrance des hommes et le manque de ressources d'aide à leur disposition pour guérir de la violence ou prévenir les actes violents qu'ils pourraient commettre. Ainsi, au fil des années, des recherches ont tenté de démontrer que les hommes étaient victimes de violence tout autant que les femmes et que les ressources à leur disposition étaient peu nombreuses, comparé à celles qui s'adressent aux femmes, en raison de discrimination à leur égard. C'est ainsi que des études aux méthodologies douteuses ont vu le jour et ont fait leur chemin jusqu'aux différents ministères concernés. Ces études se basent notamment sur des statistiques comptant les coups portés, c'est-à-dire les gestes violents posés dans un couple, par exemple, sans différencier l'intention d'agression ou d'autodéfense, et sans tenir compte du contexte de violence conjugale. Ce calcul ne tient pas compte de phénomènes comme les plaintes croisées, qui consistent à miner une plainte de violence conjugale, par exemple faite par une femme à l'égard de son conjoint, lequel dépose aussitôt une plainte similaire contre elle. Cette négation du contexte de violence conjugale et l'accent mis sur la souffrance des hommes ont contribué à banaliser les violences à l'encontre des femmes et à reléguer plus de femmes au silence et à l'impuissance, tout comme à accaparer des budgets dédiés à la lutte contre la violence envers les femmes au profit de programmes et d'organismes venant en aide aux hommes violents ou victimes de violence.

Toutes ces stratégies participent au maintien et à la reproduction des violences envers les femmes, qui sont plus souvent qu'autrement le fait des hommes, il faut le dire. Car s'il y a bien une chose que les femmes ont en commun, c'est la violence qui s'exerce à leur égard, au Québec comme ailleurs. Que celle-ci soit directe ou indirecte, individuelle ou collective, physique ou politique, bien peu de femmes ont pu l'éviter dans leur vie... Une société qui se targue d'être égalitaire se doit de regarder non seulement cette réalité en face, au-delà des mythes, mais de tout mettre en œuvre pour l'éradiquer.

« **Malgré ce que les féministes tentent de faire croire, très peu de femmes vivent de la violence (surtout au Québec, cette société égalitaire).** »

- Partout dans le monde, des millions de femmes subissent de la violence parce qu'elles sont des femmes: viols, rapts, mariages forcés, mutilations sexuelles, assassinats, violence domestique, trafic, exploitation sexuelle, etc.[25].
- Le Québec et le Canada ne font pas exception; des agressions sexuelles, des mariages forcés, des crimes d'honneur, l'exploitation sexuelle, des assassinats se produisent ici aussi, pour ne nommer que ces quelques cas de figure.
- En 2012, au Québec, sur 572 séquestrations, 556 étaient commises envers des femmes[26].
- À travers le Canada, depuis les 20 dernières années, près de 1200 femmes autochtones ont été assassinées ou portées disparues. Il s'agit d'un féminicide, que le gouvernement canadien continue d'ignorer et de laisser faire, par ses politiques colonialistes et sexistes envers les nations autochtones. Alors que celles-ci ne représentent que 4 % des femmes au Canada, elles subissent 16 %

des crimes violents[27], et ce, dans l'indifférence et l'inaction du gouvernement.

- La tuerie de Polytechnique du 6 décembre 1989 où 14 femmes ont été tuées parce qu'elles étaient des femmes est le plus grand massacre de masse misogyne et antiféministe en Amérique du Nord. Encore aujourd'hui, plusieurs peinent à reconnaître qu'il s'agissait d'un attentat politique et antiféministe[28].
- Depuis la tuerie de Polytechnique, 1500 femmes ont été assassinées par leur conjoint ou leur ex-conjoint au Canada.
- Le registre des armes à feu, dont l'utilité et les bénéfices pour réduire les crimes violents ont été démontrés à maintes reprises, a été aboli par le gouvernement fédéral en 2012. Il était consulté plus de 11 000 fois par jour à travers le Canada et plus de 900 fois au Québec, notamment lors d'interventions en matière de violence conjugale[29].

... Il est temps de reconnaître toutes les formes de violence qui s'exercent à l'encontre des femmes et d'y mettre fin.

Pour en savoir plus sur les violences sexistes et la déconstruction des arguments antiféministes...

- BLAIS, Mélissa. *J'haïs les féministes : le 6 décembre 1989 et ses suites*, Montréal, Éditions du remue-ménage, 2009.
- KIMMEL, Michael. *Angry White Men : American Masculinity at the End of an Era*, New York, Nation Books, 2013.
- MERCIER, Noémie. « Les leçons de Polytechnique », *L'Actualité*, 4 décembre 2014, www.lactualite.com/opinions/chronique-des-gars-des-filles/les-lecons-de-polytechnique.
- REGROUPEMENT DES MAISONS POUR FEMMES VICTIMES DE VIOLENCE CONJUGALE. *Casser la vague – Une réponse aux arguments sur la prétendue symétrie en violence conjugale*, 2006.
- WALTER, Emmanuelle. *Sœurs volées. Enquête sur un féminicide au Canada*, Montréal, Lux Éditeur, 2014.

« Il y a autant de victimes de violence conjugale chez les

hommes que chez les femmes et on ne s'en occupe pas. »

- Trop d'incidents de violence conjugale et intrafamiliale se produisent chaque année, dont la **presque totalité est dirigée contre des femmes**, de tous les âges et de toutes les conditions sociales[30] :
  - 25 000 femmes au Québec appellent SOS violence conjugale chaque année[31]..
  - En 2013, le Service de police de Montréal a répondu à 15 000 appels pour violence conjugale[32], sur le territoire de Montréal seulement…
  - Ces chiffres ne représentent toutefois qu'une infime proportion de la violence conjugale vécue par les femmes, car seulement 22 % des victimes signaleraient la violence qui s'exerce à leur égard[33].
- 93 % des victimes d'homicides conjugaux sont des femmes[34].
- Les maisons d'hébergement pour femmes victimes de violence conjugale doivent souvent refuser des femmes et leurs enfants, en raison du manque de places disponibles.
- La violence conjugale n'est pas un phénomène en décroissance. On croit souvent à tort que les jeunes vivent des rapports plus égalitaires. Or, on constate que la proportion de personnes âgées de 18 à 29 ans est deux fois plus importante parmi les victimes de violence conjugale (38 %) que dans la population en général (18 %)[35] et lorsqu'on parle de violence conjugale, la majorité des victimes sont des femmes.

… C'est honteux, un tel taux de violence envers les femmes dans une société qui se dit égalitaire.

« Les femmes n'ont qu'à quitter leur conjoint violent pour que la violence cesse ; si elles restent, c'est que ce ne doit pas être si grave… »

- Les femmes restent auprès de leur conjoint pour des raisons variées et complexes : elles espèrent changer l'homme qu'elles aiment, croient à ses promesses, se sentent coupables de briser la famille, on peur des menaces, n'ont pas les ressources sociales ou économiques pour s'en sortir seules, etc[36]. La période de séparation et post-séparation sont les moments les plus dangereux pour les femmes. Les homicides surviennent la plupart du temps durant l'année suivant la séparation[37].

- On ne répond pas toujours aux appels des femmes qui demandent de l'aide pour se protéger et protéger leurs enfants d'un conjoint ou ex-conjoint violent, ce qui a des conséquences désastreuses, comme de trop nombreux assassinats[38].
- Il s'avère important de croire les victimes de violence conjugale lorsqu'elles craignent pour leur vie et/ou pour celle de leurs enfants et de leur donner des moyens de protection. Les maisons de 2e étape en sont un levier essentiel[39].
- On observe une banalisation de la violence envers les femmes dans les médias. Il n'est pas rare d'entendre « crime passionnel » ou « drame familial » lorsqu'un homme tue sa conjointe ou ex-conjointe et souvent ses enfants. Au lieu de parler de meurtre ou d'assassinat – des actes qui sont injustifiables –, l'attention est souvent déviée vers la détresse des hommes et leur manque d'outils et de ressources pour l'exprimer.
- Plusieurs femmes ne quittent pas leur conjoint parce qu'elles ont peur et avec raison ! Elles n'ont pas besoin de notre méfiance, mais de notre aide.

La détresse des hommes ne peut en aucun cas légitimer la violence envers les femmes. Commettre un acte violent demeure un choix, qui est encore trop souvent excusé.

Trop de femmes subissent de la violence **parce qu'elles sont des femmes**.
Arrêtons de nier la violence envers les femmes, de la banaliser, de l'accepter, de sacrifier les femmes.
Les hommes comme les femmes doivent s'y opposer et la dénoncer.
La violence doit s'arrêter maintenant. La violence envers les femmes, c'est **inacceptable**.

2.6 De l'hypersexualisation à l'exploitation sexuelle : le dos large du consentement

S'il y a un sujet qui fait couler de l'encre ces temps-ci, c'est la violence sexuelle, sous toutes ses formes : de l'hypersexualisation à l'exploitation sexuelle, en passant par les agressions sexuelles, la plupart non dénoncées. Ces sujets créent polémique, incrédulité devant l'ampleur des phénomènes et banalisation, jusqu'au ressac antiféministe à l'endroit des femmes.

À l'automne 2014, une vague de dénonciation d'agressions sexuelles, notamment sur Twitter (#BeenRapeNeverReported, #AgressionNonDénoncée), a permis à de nombreuses femmes de briser le silence et a révélé l'ampleur de la violence sexuelle qui s'exerce toujours à l'encontre des femmes, de tous âges et de tous les milieux. Si cette parole a été bien accueillie dans un premier temps, elle a rapidement été censurée, blâmée lorsqu'elle s'est faite plus virulente, et punie, notamment par des poursuites en diffamation. On a traité les femmes qui ont fait des dénonciations anonymes de féministes enragées et de féminazies. On a encore une fois opposé les femmes entre elles : celles qui savaient se tenir et guérir en silence contre celles qui osaient pointer les failles des politiques institutionnelles ou du système de justice. Car, nous disent les hommes, les institutions patriarcales (dont le système de justice fait partie) sont neutres, elles ne peuvent en aucun cas être partiales et entraver les droits des femmes… Pourtant, seulement 1 femme sur 10 dénonce la violence subie. Une femme sur 3 sera victime d'une agression sexuelle au cours de sa vie. Il serait temps de porter attention aux violences invisibles qui se perpétuent ici comme partout (plutôt que de craindre des pratiques inégalitaires venues d'ailleurs). Comme le dit Rima Elkouri, les violences sexuelles sont le niqab intérieur[40]… que toutes les Québécoises sont susceptibles de porter. Elle fait ici référence à l'attention (et parfois à la surenchère des médias et des politicien.ne.s) que l'on accorde, par exemple, aux crimes dits d'honneur, aux mariages forcés ou à l'oppression que subiraient les femmes musulmanes, oppression symbolisée par le port du voile, alors qu'il semble si difficile de regarder de plus près les violences qui persistent à l'encontre de toutes les femmes, peu importe leur origine et qui sont le fruit de nos sociétés.

Cette violence invisible, c'est aussi la marchandisation du corps des femmes ; objectivation à travers les publicités, le culte de la beauté, la pression à la performance. Ce bombardement constant d'images qui réduisent les femmes à leur corps, qui les objectifient, qui les rendent toujours disponibles et soumises au regard et aux désirs des hommes, ces femmes modelables, marchandables, appropriables, que nous sommes toutes susceptibles d'être. Nelly Arcan appelait « burqa de chair[41] » cette façon de modeler le corps des femmes, cette mise en scène constante de l'apparence, des femmes formatées par le culte de la jeunesse et de la beauté, par la pornographie, bref, par le patriarcat et dont on ne reconnaît plus l'influence. Une burqa inscrite dans notre corps, aussi dommageable que la burqa de tissu, mais dont on oublie la présence.

Cette marchandisation du corps des femmes s'incarne aussi à travers l'industrie du sexe et l'exploitation sexuelle des femmes, qui persiste au Québec comme ailleurs. Certaines féministes dénoncent la prostitution et donc l'appropriation du corps et de la sexualité des femmes au profit des désirs des hommes ; d'autres parlent plutôt de travail du sexe, c'est-à-dire de vente de services sexuels en échange d'une rémunération dans le cadre d'une relation consentie. Selon l'analyse féministe adoptée, on peut voir la prostitution comme un mécanisme de reproduction de l'oppression des femmes et le cas échéant, revendiquer son abolition ou suivant une autre perspective, voir le travail du sexe comme une industrie à réglementer pour garantir les droits et la protection des personnes (majoritairement des femmes) qui y exercent une activité à risque.

Vous le comprendrez, la question de la prostitution et du travail du sexe ne fait pas consensus chez les féministes. Cependant, une chose est sûre, peu importe l'analyse et les revendications adoptées, toutes les féministes souhaitent mettre fin aux situations de violence et d'exploitation. D'ailleurs, la nécessaire décriminalisation des personnes qui exercent la prostitution fait consensus. En dépit des différents positionnements, il reste que c'est encore par la sexualité que s'exerce le plus clairement et le plus efficacement le contrôle des femmes.

« Les garçons subissent autant les effets de l'hypersexualisation que les filles... »

- L'hypersexualisation renforce les stéréotypes sexuels et sexistes, qui sont toujours au détriment des femmes, parce qu'ils les placent dans des rôles subalternes, voire humiliants, et dans des rapports inégalitaires[42].
- L'hypersexualisation est une matérialisation de la domination masculine qui tend à objectiver les femmes, à les infantiliser et à les inférioriser.
- L'hypersexualisation conforte les hommes dans leur rôle de macho, de séducteur et de dominant (renforce donc la confiance) et place les filles dans un rôle passif d'objet, décoratif ou sexuel, soumises au désir des hommes.
- L'hypersexualisation et le manque de diversité liée à l'image corporelle peut entraîner de graves conséquences chez les filles : elle mine la confiance et l'estime soi, engendre des troubles alimentaires, peut conduire au harcèlement et aux agressions sexuelles, etc.

« Et les hommes alors ? Ils sont tout autant victimes d'agressions sexuelles. »

- En 2013, 83 % des victimes d'agressions sexuelles étaient des femmes[43]. Cette proportion demeure constante depuis des années.
- Le risque pour les femmes d'être victimes d'une agression sexuelle augmente avec l'interaction des différents systèmes d'oppression (colonialisme, capacitisme, etc.). Par exemple[44] :
  - 75 % des jeunes filles autochtones âgées de moins de 18 ans ont été victimes d'agression sexuelle. Tout à fait révoltant.
  - 40 % des femmes ayant un handicap physique vivront au moins une agression sexuelle au cours de leur vie.
- 97 % des auteurs d'infractions sexuelles étaient de sexe masculin en 2013[45].
- Le harcèlement sexuel est très répandu (blagues, commentaires sexuels, attouchements, etc.). Selon une récente étude de l'Université d'Ottawa[46], 69 % des étudiant.e.s ont vécu ce type d'abus.

Les femmes étaient deux fois plus nombreuses à déclarer un ou plusieurs incidents de ce genre. Par exemple :
- Les deux tiers des femmes ont fait l'objet de blagues ou de commentaires sexuellement suggestifs ;
- 44 % ont déclaré avoir subi des attouchements, des étreintes ou des baisers non désirés, qui peuvent être considérés comme des agressions sexuelles en vertu du Code criminel du Canada.

- 1 femme sur 3 et 1 homme sur 6 subira une forme ou l'autre d'agression sexuelle dans sa vie. Deux tiers des victimes sont âgées de moins de 18 ans[47].
- Sur cinq agressions sexuelles déclarées, une est commise par un adolescent, bien que ce groupe d'âge ne représente que 10 % de la population canadienne[48].
- Les hommes sont surtout à risque d'être victimes d'abus sexuel dans l'enfance (majoritairement par d'autres hommes), tandis que pour les femmes, les risques se prolongent à l'âge adulte[49].
- Les hommes qui s'identifient comme gais, bisexuels ou en questionnement sont plus susceptibles de faire l'objet de harcèlement sexuel que ceux qui s'identifient comme hétérosexuels[50].

... Il s'avère dès lors évident que le harcèlement et les abus sexuels participent de **rapports de domination** des hommes sur les femmes et des hommes entre eux.

« Si les femmes ne veulent pas de rapports sexuels, elles n'ont qu'à dire NON et à prendre les mesures nécessaires pour ne pas se mettre en danger. »

- C'est en 1999 (à peu près hier d'un point de vue historique et de la lente transformation des mentalités) que la Cour suprême du Canada décida unanimement que le consentement à une activité sexuelle doit être volontaire et communiqué[51]. Par conséquent, on ne consent jamais à une agression. Si on ne consent pas, c'est une agression.
- Le fait qu'une femme n'ait pas dit non ou qu'elle n'ait pas eu le pouvoir de dire NON ne peut en aucun cas être considéré comme un OUI.

- Il y a toutes sortes de situations qui font que les femmes ne peuvent dire NON : rapports de pouvoir, peur pour leur sécurité, chantage, facultés affaiblies, etc. On ne peut invoquer l'absence d'un NON pour justifier une agression.
- Le consentement n'est pas l'absence d'un NON, mais bien un OUI, clair, enthousiaste et informé[52] ; il ne s'agit donc pas de refuser un acte sexuel (dire NON), mais bien d'accepter, sans aucune contrainte, un acte sexuel égalitaire.
- Ce n'est pas aux femmes de porter le fardeau de la responsabilité d'une agression. C'est à ceux qui la commettent qu'en revient la responsabilité et la faute.
- En ce sens, les recommandations (paternalistes) faites aux femmes, notamment par les corps policiers (ne sortez pas le soir, évitez les endroits sombres, ne prenez pas un taxi seule si vous êtes en état d'ébriété) et les gadgets qui visent à éviter aux femmes de subir une agression (vernis à ongle qui change de couleur au contact d'une boisson contenant la drogue du viol par exemple) leur font porter la responsabilité de leur sécurité et de leur intégrité.
- Jeter le blâme sur la victime, parce qu'on la croit imprudente ou pour toute autre raison, contribue à déresponsabiliser les agresseurs de leurs gestes, à détourner l'attention des carences en matière de sécurité et à entretenir l'idée que les victimes sont « violables »[53].
- Par ailleurs, ce n'est pas en évitant certains endroits ou en restreignant leurs sorties qu'il y aura moins d'abus sexuels car :
    - 7 victimes sur 10 ont été agressées sexuellement dans une résidence privée, lieu principal où sont commises les infractions[54].
    - Près de 8 victimes sur 10 connaissaient leur agresseur. Par exemple, en 2013, 86 % des victimes mineures et 68 % des victimes adultes connaissaient l'auteur présumé de l'agression[55].
    - 1 femme sur 7 a été agressée sexuellement au moins une fois par son conjoint[56].
- Il ne s'agit donc pas d'apprendre aux femmes à se protéger ou à éviter les abus sexuels, mais bien aux hommes d'apprendre à ne pas être des agresseurs.

… La seule cause des agressions sexuelles est l'agresseur. Les agressions sexuelles sont **injustifiables**.

« La culture du viol est une invention des féministes pour qui un simple regard admiratif constitue du harcèlement sexuel. Si des femmes sont victimes, elles n'ont qu'à porter plainte ! »

- Rappelons que ce n'est qu'en 1992 que des amendements au Code criminel introduisent des règles concernant la référence au comportement sexuel antérieur de la plaignante (jusqu'à cette date on pouvait invoquer les comportements sexuels ou le nombre de partenaires de la victime comme un argument de plaidoyer pour discréditer celle-ci) et définissent la notion de consentement à une activité sexuelle afin d'assurer un traitement plus équitable aux victimes d'agression sexuelle[57]. C'est dire comment les victimes étaient considérées et comment leur passé et leur comportement étaient jugés. Même si la loi a changé, ces préjugés persistent en défaveur des victimes.
- Ces préjugés forment ce qu'on appelle la culture du viol :
  - *Le contexte de tolérance* aux agressions sexuelles dites mineures (elle n'a même pas été violée !). On en fait des farces, des chansons ; on prétend que ça fait partie de la nature..
  - *La culpabilisation.* On a tendance à penser que les victimes sont responsables de leur agression (vêtements sexy, attitude ou comportement supposé aguicheur/provocant ou facultés affaiblies). En effet, plus du quart des étudiants (26 %) ayant participé à l'étude sur le harcèlement sexuel de l'Université d'Ottawa n'ont pas sursauté devant l'énoncé « Les femmes qui se placent dans des situations à risque sont en partie responsables si elles se font violer[58] ». Ça fait beaucoup de monde qui dit ouvertement : « Bof ! Elle l'a un peu cherché… ». Sans compter tous ceux qui le pensent, mais n'osent pas le dire.
  - *La suspicion envers les victimes.* On pense trop souvent que les accusations visent à nuire ou à se venger des hommes, plutôt qu'à réagir à de réelles agressions. D'une façon ou d'une autre, ce sont eux que l'on croit, même s'ils n'ont pas plus de preuves qu'elles.

- *La banalisation de la situation.* On minimise les impacts sur la vie des victimes; on accorde plus d'importance à la réputation d'un présumé agresseur qu'au préjudice qu'a pu subir une potentielle victime.

- Ces mythes, préjugés et tabous entourant les agressions sexuelles empêchent plusieurs victimes de briser le silence.
- Bien que les agressions sexuelles soient reconnues comme des actes criminels, près de 90 % d'entre elles ne sont pas déclarées à la police[59]. Cela fait en sorte qu'il demeure encore aujourd'hui extrêmement difficile de mesurer l'ampleur des violences sexuelles.
- Du nombre d'agressions sexuelles rapportées aux autorités, seulement 59 % ont mené à une mise en accusation en 2013. Dans 28 % des cas, c'était à cause du refus de la victime de porter une accusation[60].
- Pourquoi les victimes refusent-elles de dévoiler les situations d'agression et de porter plainte? Elles gardent le silence pour plusieurs raisons[61]:
  - Elles redoutent les répercussions qu'un dévoilement pourrait avoir dans leur vie et celle de leurs proches.
  - Elles peuvent craindre leur agresseur, qu'elles connaissent dans la majorité des cas.
  - Plusieurs victimes ont peur de ne pas être crues, ressentent de la honte, de la culpabilité et le sentiment d'être responsables de l'agression qu'elles ont subie.
  - D'autres pensent que ce qu'elles ont vécu n'est pas assez grave pour être dénoncé et/ ou que l'agression demeure une affaire d'ordre personnel qui relève de leur vie privée.
- Certaines croient que les autorités policières ne peuvent pas les aider et elles manquent de confiance dans l'efficacité du système. Le système de justice ne semble donc pas répondre aux besoins des victimes, qui n'ont qu'une option, porter plainte au criminel. Il s'agit de procédures lourdes, longues et laborieuses qui n'assurent pas nécessairement un traitement réparateur pour les survivantes d'agressions.
- Plusieurs gestes de harcèlement sexuel ne sont pas de nature criminelle, dont le harcèlement en ligne. Il y a donc peu de moyens

à la disposition des victimes pour faire entendre leur voix et obtenir réparation.

Cette banalisation des agressions sexuelles ainsi que les mythes et préjugés qui les entourent constituent des obstacles à la sécurité et à la liberté des femmes. Il est temps de mettre fin à toutes les formes de violence envers les femmes, de croire les victimes et de leur apporter du soutien.

« La prostitution n'est qu'un échange d'argent entre adultes consentants, qui ne concerne pas les féministes... »

- Au Canada, les femmes représentent de 70 % à 80 % des personnes qui se prostituent[62].
- Plusieurs études démontrent que l'âge d'entrée dans la prostitution se situe entre 15 et 19 ans[63]. Peut-on parler de choix éclairé et librement consenti ?
- La majorité des personnes prostituées seraient aujourd'hui aux mains des réseaux de traite des êtres humains[64]. La traite humaine ne peut en aucun cas constituer un choix consenti.
- Ce sont les femmes les plus vulnérables qui sont les plus susceptibles d'être victimes de traite ou d'exploitation sexuelle (femmes qui émigrent pour devenir aides domestiques et qui sont finalement emmenées dans des réseaux de prostitution, femmes très jeunes, peu scolarisées, victimes d'abus)[65].
- Selon une étude de l'Organisation internationale du travail (OIT) menée en 2006, les profits de la traite des personnes représentent annuellement autour de 31,6 milliards de dollars et les victimes d'exploitation sexuelle rapportent autour de 27,8 milliards de dollars[66].
- Les groupes du crime organisé sont les premiers bénéficiaires du commerce de la prostitution et ils s'en servent pour le blanchiment d'argent. Il s'agit donc d'un marché très lucratif, mais pas pour les principales concernées.
- Les femmes dans la prostitution évoquent bien d'autres choses que le plaisir pour expliquer les raisons de leur entrée dans l'industrie du sexe[67] :

- Pour 41,2 % d'entre elles, ce serait à cause du manque de moyens financiers ;
- 14,4 % auraient été recrutées par des personnes impliquées dans l'industrie du sexe qui les auraient incitées à entreprendre des activités présentées comme faciles et lucratives ;
- 18,6 % seraient entrées dans l'industrie du sexe pour financer leur consommation de stupéfiants ;
- 11,3 % évoquent des contraintes physiques et psychologiques comme motif d'entrée dans l'industrie du sexe ; ces contraintes peuvent avoir été exercées par des gangs criminalisés, des ami.e.s et des conjoints et, pour une minorité, par des membres de leur famille qui les ont prostituées pour leur propre bénéfice financier ;
- Seulement 5,2 % disent avoir entrepris des activités dans l'industrie du sexe par intérêt ou par curiosité.

- Parmi les femmes dans l'industrie du sexe :
  - 63 % relatent le besoin de se protéger contre différentes formes de violence : protection contre les menaces et les agissements des clients, des proxénètes, etc.[68].
  - Selon une étude de la Concertation des luttes contre l'exploitation sexuelle (CLES), parmi les 109 femmes rencontrées, 47 % remettaient une partie importante des revenus de la prostitution à une tierce personne (proxénète, conjoint, ou autre, la différence étant parfois ténue entre ces deux rôles)[69].
- 80,9 % des femmes dans l'industrie du sexe souhaitent la quitter. Parmi celles qui l'ont quittée, seulement 35,6 % ont pu le faire à leur première tentative[70], d'où la nécessité de ressources adéquates et de soutien pour ces femmes.
- Le taux de mortalité des femmes dans la prostitution est de 40 fois supérieur à la moyenne nationale des femmes[71].
- Les femmes dans la prostitution sont souvent criminalisées et vivent une stigmatisation systémique[72], notamment avec les tribunaux et le système de santé, qui perpétue la violence à leur endroit.

… Et tout cela ne concernerait pas les féministes ?

L'exploitation sexuelle des femmes doit être envisagée globalement. De l'hypersexualisation à la prostitution, tous ces mécanismes d'objectivation du corps des femmes participent au maintien et à la reproduction de la domination des hommes sur les femmes.

La sexualité demeure un puissant moyen de contrôle et de punition des femmes. Dans toutes les sociétés, le viol des femmes est répandu de façon systématique, qu'il soit utilisé comme arme de guerre ou comme menace permanente qui garde les femmes à leur place.

Il est impératif de mettre fin aux violences envers les femmes, d'écouter et de croire la **parole des survivantes**, quels que soient les abus subis, et d'instaurer des politiques et des ressources suffisantes qui permettront de répondre à leurs besoins, dans un processus de réparation et de guérison.

Enfin, il s'avère essentiel de lutter contre :

- la pauvreté afin que l'industrie du sexe ne soit plus une solution de dernier recours ;
- les stéréotypes sexuels et sexistes afin que les femmes ne soient plus assujetties aux désirs des hommes et que ceux-ci ne voient plus leurs désirs comme des besoins incontrôlables à combler...

L'égalité ne peut se vivre que dans des rapports à l'autre consentis, respectueux, libres et teintés de réciprocité. Ce que l'exploitation sexuelle n'est pas !

2.7 Justice reproductive

S'il y a bien un domaine de la vie des femmes où l'égalité est loin d'être acquise, c'est en matière de justice reproductive. À quoi fait-on référence ici ? À l'égalité et à la justice pour les femmes et entre les femmes en ce qui concerne leur santé, leurs droits reproductifs et la maternité. Malgré les avancées en termes de reconnaissance et la possibilité pour les femmes de prendre les décisions qui concernent leur corps, on est loin de l'égalité, de l'autonomie et du respect. Bien que l'avortement soit un enjeu crucial, on aborde moins souvent des enjeux comme les préjugés et les pressions qui touchent les femmes les plus marginalisées, dont les femmes en situation de handicap, les femmes autochtones, les mères adolescentes, les réfugiées, les personnes trans[73], etc. pour limiter leur accès à la maternité. Ou encore la situation des personnes intersexe, qui sont encore assujetties au pouvoir de la médecine, qui veut à tout prix fixer le sexe biologique à la naissance, quitte à pratiquer des interventions chirurgicales de l'ordre de mutilations génitales. Ces actes causent des traumatismes permanents, et mettent aussi en péril leur fertilité[74]. De plus, de récents changements dans la procréation assistée au Québec font qu'elle ne sera plus universelle et gratuite, limitant ainsi économiquement l'accès à la maternité[75].

Les corps des femmes demeurent des territoires occupés par les hommes, qui n'ont de cesse de vouloir encadrer les choix et les droits des femmes et de restreindre leur pouvoir d'autodétermination. Les droits des femmes en matière de reproduction sont certainement parmi les plus fragiles et sont constamment menacés. Ces droits sont d'autant plus fragilisés lorsque des gouvernements conservateurs sont au pouvoir et en période de crise économique ou de restrictions budgétaires. C'est dans ce contexte que nous vivons actuellement et les gouvernements, tant fédéral que provincial, et aussi dans plusieurs endroits du monde en même temps, multiplient les stratégies pour restreindre la liberté des femmes de choisir pour elles-mêmes en ce qui a trait à la maternité et à leur sexualité. Des stratégies, plus souvent qu'autrement détournées, sournoises, agrémentées d'arguments alambiqués, pour tenter de freiner une levée de boucliers et de mystifier la population. Mais nous ne sommes pas dupes ! Qu'on se le tienne pour dit.

« Les hommes ont leur mot à dire sur le fait d'avoir des enfants ou non. Ce n'est pas seulement aux femmes de décider... »

- Oui, les hommes ont leur mot à dire en ce qui a trait à leur désir d'enfant et à leur volonté de devenir pères ou non. Par contre, le désir d'enfant des hommes ne peut en aucun cas se traduire par une appropriation du corps et de la maternité des femmes. Nos corps nous appartiennent, ainsi que notre sexualité.
- C'est aux femmes de décider pour elles-mêmes si elles veulent des enfants ou non et quand elles en auront, car c'est dans leur corps que la gestation se fait.

- Le corps des femmes ne peut être instrumentalisé à des fins de reproduction. En ce sens, les contrats avec des mères porteuses sont interdits au Québec.

... Forcer les femmes à avoir des enfants ne peut être qu'une atteinte à leurs droits fondamentaux.

« L'avortement a été décriminalisé il y a longtemps au Canada. Pourquoi les féministes s'acharnent-elles encore sur ce sujet ? »

- Même si l'avortement a été décriminalisé en 1988 au Canada (ce qui est tout de même récent), ce droit est sans cesse attaqué et son accessibilité menacée. Entre 1987 et 2010, 45 projets de loi et motions ont été déposés pour rouvrir la porte vers la recriminalisation de l'avortement[76]. Deux autres projets de loi privés ont été déposés depuis : M-312 en 2012 et un projet sur les avortements sexospécifiques en 2013. C'est donc 47 tentatives jusqu'à maintenant. Avec l'arrivée au pouvoir du gouvernement conservateur en 2006, les attaques au droit à l'avortement se sont multipliées et diversifiées, prenant des voies toujours détournées pour rouvrir le débat (en ne parlant jamais directement d'avortement), ce qui demande une vigilance de tous les instants. Par exemple, le projet de loi C-484, en 2008, visait les enfants non nés victimes d'actes criminels. Les gouvernements utilisent toutes sortes de moyens pour restreindre l'accès à l'avortement tels que les délais d'attente, le manque de ressources médicales (tant d'un point de vue géographique que professionnel), et/ou limiter le nombre d'avortements pratiqués par les médecins en leur imposant des quotas[77].

Les femmes doivent demeurer vigilantes quant aux questions de justice reproductive, notamment en matière d'avortement ; il en va de leurs droits et de leur pouvoir de décider pour elles-mêmes.

« Trop de femmes utilisent l'avortement comme moyen de contraception. On devrait en limiter l'accès. »

- Une telle affirmation laisse à penser que les femmes utilisent l'avortement avec insouciance et inconscience, alors que la décision d'avorter ou non est une décision très douloureuse pour la plupart des femmes. Cela laisse aussi entendre que la contraception est l'entière responsabilité des femmes.
- Brandir le spectre du nombre d'avortements et des droits des fœtus est une stratégie des mouvements « pro-vie » et des politiques conservatrices, qui sont en fait des mouvances « anti-femmes », parce qu'elles ne sont « pro-vie » que dans le cas des fœtus. Elles ne se soucient guère des droits, du bien-être et de la santé des femmes.
- Ce n'est pas l'avortement le problème, mais bien les grossesses non désirées. C'est sur cela qu'il faut travailler. En ce sens, il est primordial :
  - Que les cours d'éducation à la sexualité soient de retour dans les écoles, ce qui est exigé depuis des années, tant par le mouvement féministe que par plusieurs professionnel.le.s de la santé et de l'enseignement ;
  - Que l'éducation à l'égalité et aux relations amoureuses et sexuelles égalitaires soit intégrée au cursus scolaire des écoles secondaires ;
  - Que les méthodes de contraception soient connues, accessibles et gratuites.
- L'accès aux méthodes de contraception, aux services de planning des naissances et aux interruptions volontaires de grossesse contribue à réduire le nombre d'avortements.
- À preuve, c'est dans les Pays-Bas, où les services d'interruption de grossesse sont parmi les plus accessibles, qu'on enregistre le plus faible taux d'avortements au monde[78].
- En effet, 86 % des avortements ont lieu dans les pays en voie de développement où la plupart des lois sur l'avortement sont très restrictives[79].
- Partout où le droit à l'avortement est restreint ou inexistant, on voit une augmentation du nombre d'avortements clandestins,

c'est-à-dire en dehors des milieux hospitaliers et sans professionnel.le.s de la santé.

- 5 millions de femmes se retrouvent à l'hôpital à la suite de complications liées à des avortements non sécuritaires. 47 000 femmes en meurent[80].

... limiter le droit à l'avortement met en péril la santé des femmes en plus d'être une grave attaque à leur liberté de choisir pour elles-mêmes et d'avoir le contrôle sur leur corps. Une société égalitaire se doit de permettre aux femmes de choisir pour elles-mêmes, sans entrave aucune !

Pour en savoir plus sur l'histoire des luttes pour le droit à l'avortement et cerner les divers aspects de la justice reproductive :

- BASTIEN-CHARLEBOIS, Janik. « Les personnes intersexes veulent que l'on entende leur voix, *Fugues*, 18 avril 2013.
- CONSEIL DU STATUT DE LA FEMME, *Le droit à l'avortement : 25 ans de reconnaissance officielle*, Gouvernement du Québec, 2013.
- FÉDÉRATION DU QUÉBEC POUR LE PLANNING DES NAISSANCES. *La justice reproductive ou l'application du prisme de la justice sociale à la santé et aux droits sexuels, reproductifs et maternels*, Montréal, FQPN, 2014.
- FÉDÉRATION DU QUÉBEC POUR LE PLANNING DES NAISSANCES. *Fanzine – Le 20e anniversaire de l'Affaire Chantale Daigle*, Montréal, FQPN, 2009, <www.fqpn.qc.ca/main/wp-content/uploads/2013/06/Zine-v-2.pdf>.

2.8 Décrochage scolaire

Un autre thème de prédilection des antiféministes est le décrochage scolaire. S'appuyant sur les statistiques plus élevées du décrochage des garçons que celles des filles, ils invoquent les transformations sociales apportées par le féminisme pour l'expliquer : mixité scolaire, féminisation de la profession d'enseignante, manque de modèles masculins et/ou système d'éducation qui ne tient pas compte des besoins des garçons. Bref, encore une fois, les hommes et dans ce cas-ci les garçons, sont les victimes du féminisme, qui n'a que faire des perspectives d'avenir des garçons, évidemment ! Sous le couvert de la volonté d'accroître la réussite scolaire (tout à fait légitime), pointent des accents de nostalgie à l'égard des modèles et des rôles traditionnels. Pourtant, toutes les études le démontrent, les stéréotypes sexuels sont les pires ennemis de la réussite scolaire. Les stéréotypes renforcent les clichés à l'égard des sexes (par exemple, les filles seraient plus studieuses; les garçons, turbulents ou meilleurs en mathématiques), ce qui peut entraîner une diminution de la motivation dans certaines matières scolaires, tout en restreignant les perspectives d'avenir des jeunes.

Si c'est réellement la réussite scolaire qui est au cœur des revendications des personnes qui trouvent le taux de décrochage des garçons alarmant, travaillons sur les véritables causes du décrochage et ne laissons pas la question du décrochage scolaire au féminin dans l'ombre. Car n'oublions pas que les filles ont été sous-scolarisées jusqu'à très récemment (et c'est encore le cas d'une majorité de filles dans le monde) et personne ne s'en inquiétait, outre les principales concernées ! D'ailleurs, toutes les études le confirment, les conséquences du décrochage scolaire sont beaucoup plus durables et dommageables chez les filles[81]. Il est temps de s'en préoccuper et de rétablir les faits, pour une meilleure réussite scolaire pour toutes et tous.

« La réussite scolaire des garçons diminue depuis les 40 dernières années, soit depuis l'entrée massive des femmes dans l'enseignement et depuis l'instauration de la mixité. »

- Le décrochage scolaire des garçons n'a pas augmenté avec l'instauration de la mixité, au contraire, il baisse depuis les 40 dernières années[82].
- Le taux de décrochage scolaire des garçons au Québec a toujours été plus élevé que celui des filles. Cette situation prévalait alors même que les enseignants et professeurs étaient majoritairement des hommes.

- En 1970, les garçons décrochaient de l'école dans une proportion de 44 % tandis qu'en 2010, ce taux se situait à 21, 5 %, soit une baisse de 22,5 % en 40 ans.

« Le taux d'échec scolaire des garçons est très préoccupant, voire alarmant. »

- La situation du décrochage scolaire des garçons s'est beaucoup améliorée entre 1979 et 2010 et au cours des dix dernières années.
- Entre 2001 et 2009, le décrochage scolaire des garçons s'est réduit plus rapidement que celui des filles, diminuant de 9,1 % chez eux et de 4,3 % chez elles.
- Au Canada, les garçons québécois sont dans le peloton de tête (3e rang) en matière de diplomation entre 20 et 24 ans, avec 81 %.
- Si les garçons donnent l'impression de moins bien réussir, c'est parce que les filles du Québec ont une performance scolaire très au-dessus de la moyenne canadienne et internationale.
- Le taux de décrochage scolaire varie beaucoup selon l'âge de diplomation dans les données utilisées. Par exemple, le ministère de l'Éducation, des Sports et des Loisirs du Québec mesure le taux de décrochage à l'âge de 19 ans tandis que les pays membres de l'OCDE le mesurent à 24 ans. Cela change radicalement le portrait ; le taux de diplomation pour les garçons à 19 ans est de 68 % et de 80 % pour les filles et, à 24 ans, de 84 % pour les garçons et 92 % chez les filles[83].
- Le taux de diplomation selon l'âge démontre que les garçons sont plus nombreux à retourner à l'école pour compléter leurs études secondaires que les filles[84].
- Les filles sont moins nombreuses à retourner compléter leurs études secondaires que les garçons car elles ne décrochent pas pour les mêmes raisons : réalités familiales, intimidation et harcèlement sexuel, grossesse, entre autres[85].
- Les impacts du décrochage scolaire sont en moyenne plus grands pour les filles et se font sentir plus longtemps que pour les garçons.
- Par exemple, 41,2 % des femmes qui n'ont pas terminé leurs études secondaires touchent un revenu d'emploi inférieur à 20 000 $,

bien qu'elles travaillent à temps plein toute l'année, ce qui est le cas pour 24,9 % des hommes dans la même situation[86].

… il importe de s'attarder aux causes du décrochage scolaire des filles et de développer des mesures qui favoriseront la réussite scolaire de tous les jeunes.

« L'écart entre le décrochage scolaire chez les garçons et chez les filles est dû à la féminisation de l'école. »

- L'argument de la féminisation de la société, pour expliquer la déroute des hommes ou une crise de la masculinité, est un argument antiféministe qui ne date pas d'hier. On l'entend dès le XVIIe siècle et chaque fois que les femmes ont fait une percée (si marginale soit-elle) dans une chasse gardée masculine. Des hommes ont toujours dénoncé la soi-disant féminisation de la société, et ce, bien avant l'apparition de mouvements féministes organisés et l'accès à une certaine égalité de droit pour les femmes[87].
- Au Québec, avec 81 % de femmes en éducation (moyenne du primaire et secondaire), les garçons réussissent à la hauteur de 84 % entre 20 et 24 ans, ce qui est un très bon taux de réussite en comparaison des autres pays occidentaux[88].
- Dans d'autres pays où la proportion des femmes en éducation est moins grande, les garçons ne réussissent pas plus que les filles[89].
- À l'université, 70 % des professeurs sont des hommes et les garçons ne réussissent pas mieux que les filles.
- Ces données confirment qu'il n'y a pas de lien entre le genre du personnel enseignant et la réussite scolaire des élèves.
- L'écart de réussite scolaire est beaucoup plus faible entre filles et garçons qu'entre jeunes de milieux défavorisés et favorisés. Les garçons de **milieux défavorisés** décrochent dans une proportion de 35,9 % tandis que les garçons de milieux favorisés ont un taux de décrochage de 15,6 %, soit un écart de 20,3 points, tandis que l'écart entre garçons et filles est de 8,4 points. Les garçons provenant d'un milieu favorisé (15,6 %) décrochent moins que les filles issues d'un milieu défavorisé (26,1 %). Les conditions

socioéconomiques ont donc un très grand impact sur la réussite scolaire des jeunes, ce dont on parle très peu et sur lesquelles il serait important d'agir.
- L'adhésion aux stéréotypes sexuels crée une distance avec l'école. Un exemple : l'idée que la lecture c'est pour les filles.

... Les conditions socioéconomiques des élèves et leur adhésion aux stéréotypes sexuels et sexistes ont beaucoup plus d'incidence sur leur réussite scolaire que le genre.

« Les écoles (système d'enseignement) ne sont pas adaptées aux besoins des garçons... »

- Le système scolaire et les institutions d'enseignement ont été créés par des hommes et pour des hommes, les filles n'ayant eu accès à l'enseignement public au-delà de la 14e année que lors de la création des écoles secondaires et des cégeps à la fin des années 1960[90].
- Le système d'éducation ne s'est pas adapté aux femmes quand elles y ont eu accès, tant comme élèves, étudiantes, enseignantes ou professeures. L'école, les programmes scolaires et le savoir enseigné demeurent masculins, voir androcentriques[91].
- Le défi n'est pas d'adapter le mode d'enseignement aux garçons, mais aux modes d'apprentissage des élèves, garçons ou filles.
- Aucune amélioration de la performance scolaire des garçons n'a été enregistrée dans les projets de classes réservées aux garçons[92].
- La non-mixité a entraîné des effets négatifs pour les garçons : un encadrement plus autoritaire, des problèmes de discipline, des comportements homophobes et un renforcement des stéréotypes sexuels[93].
- Renforcer chez les garçons les comportements dits « masculins » tels que le fait de bouger, de se concentrer, de s'intéresser à des disciplines plus pratiques que théoriques, sans apprendre d'autres aptitudes telles que l'écoute, l'empathie, la relaxation, contribue au phénomène du décrochage scolaire, en plus de perpétuer les stéréotypes sexuels. Le travail d'élève demande discipline, concentration, écoute, efforts et persévérance, des compétences

non genrées, à développer et à valoriser autant chez les filles que les garçons !

En conclusion...

Les conditions socioéconomiques et l'adhésion aux stéréotypes sexuels et sexistes ont plus d'incidence sur la réussite scolaire que le genre des enfants.

Pour favoriser la réussite scolaire, il importe :

- de lutter contre la pauvreté, de donner aux enfants et aux familles les conditions matérielles et psychologiques qui favorisent l'apprentissage ;
- de déconstruire les stéréotypes sexuels et sexistes ;
- de déconstruire les catégories de genre et de favoriser une socialisation non stéréotypée ;
- de permettre à tous les enfants de réaliser leur plein potentiel en leur apportant une pluralité de perspectives de carrière ;
- de valoriser l'apprentissage et la persévérance et de leur offrir le soutien nécessaire, tout au long de leur parcours scolaire, tant dans la famille qu'à l'école...

L'accès à l'éducation est le principal levier d'émancipation des femmes

Au-delà des statistiques, les facteurs de décrochage scolaire pour les filles sont préoccupants et les répercussions de leur manque de diplomation se font sentir tout au long de leur vie. Il importe de tenir compte des obstacles qui freinent la réussite des filles et minent leurs perspectives d'avenir... il faut s'en préoccuper et trouver des solutions adaptées à leurs réalités...

2.9 Études, emploi et situation économique des femmes

Les meilleures performances scolaires des filles, leur présence de plus en plus grande aux études supérieures ainsi que les mesures d'accès à l'égalité en emploi apparaissent pour les tenants de la pensée masculiniste comme des obstacles à l'emploi des hommes. Ils craignent ainsi que les femmes aient accès aux meilleurs postes, que les mesures d'accès à l'emploi démobilisent les hommes, qui n'auraient plus aucune chance d'embauche contre une candidate féminine (même si l'on doute de ses compétences). C'est ainsi qu'on agite le spectre de la féminisation de certaines professions, qui ont déjà été des chasses gardées masculines. On revendique des quotas pour que les hommes aient accès aux études de médecine, des mesures spécifiques pour qu'il y ait plus d'hommes dans les métiers à prédominance féminine, bref, ce seraient maintenant les hommes qui seraient victimes de discrimination en emploi… Victimes ? Au regard de la situation de l'emploi et des conditions économiques, victimes seulement de la perte de leur suprématie, mais détenteurs d'encore bien des privilèges !

« La situation économique des femmes est comparable à celle des hommes, voire meilleure car elles sont plus nombreuses à faire des études postsecondaires… »

- Quel que soit leur niveau d'études, les femmes touchent, à leur entrée sur le marché du travail, un salaire hebdomadaire brut inférieur à celui des hommes, soit en moyenne **75 % du revenu d'emploi des hommes**[94].
- Bien que le taux d'emploi des femmes ait augmenté de façon considérable depuis les dernières décennies, elles n'ont toujours pas le même taux d'emploi que les hommes. En effet, en 2013, 68,8 % des femmes exerçaient un emploi à temps plein, comparativement à 79,9 % pour les hommes.
- Par ailleurs, les femmes sont plus nombreuses à occuper un **emploi à temps partiel**, soit dans une proportion de 24,4 % pour les femmes et 11,8 % pour les hommes.
- Les **responsabilités familiales**, auxquelles les femmes demeurent assignées tacitement, demeurent la principale explication du travail à temps partiel pour celles-ci et figurent peu souvent dans les motifs invoqués chez les hommes.
- Aujourd'hui comme hier, les femmes demeurent très majoritaires parmi les personnes travaillant à temps partiel (66 % en 2011 et 68 % en 1976), mais actuellement, il s'agit davantage de jeunes femmes et de **femmes proches de la retraite**[95], ce qui est très inquiétant quant à leur autonomie économique lors de la retraite.

Pour plusieurs femmes, la retraite risque de se vivre dans la pauvreté et/ou d'être repoussée.

- En 2012, 57,4 % des travailleurs rémunérés au **salaire minimum** étaient des femmes[96], un taux horaire qui ne permet pas à la majorité des personnes (selon le nombre d'heures travaillées et la situation familiale) de dépasser le **seuil du faible revenu**.

« Les femmes étant majoritaires à l'université, elles occupent de meilleurs emplois que les hommes, qui sont devenus désormais des travailleurs de second choix… »

- Les femmes sont légèrement plus nombreuses que les hommes à entreprendre des études postsecondaires. Elles représentaient 58 % de la population étudiante au collégial et à l'université en 2012[97], ce qui reste dans une zone de parité.
- Dans certaines disciplines, les étudiantes sont majoritaires sur les bancs d'école, mais ce n'est pas le cas dans les professions. Par exemple, sur le marché du travail en 2013, les femmes représentaient 38,4 % des agronomes, 43,4 % des comptables, 38,2 % des chimistes, 43,5 % des dentistes et 41,6 % des médecins. En droit, la parité est presque atteinte avec 49,7 % de représentation féminine. On est donc loin d'une féminisation de ces professions !
- Par ailleurs, les avancées des femmes dans les métiers traditionnellement masculins devraient être célébrées et non pas décriées comme des risques pour les hommes (des risques de quoi au fait ? De perdre des privilèges).
- Si dans certaines professions, les femmes font des avancées sur le plan de la représentation, elles continuent d'occuper des positions moins prestigieuses et de moins haut niveau que les hommes, donc moins bien rémunérées (ex. : médecine générale, droit familial, postes de gestion ou de direction, etc.).
- Dans la majorité des métiers et professions, on constate encore une forte ségrégation : les femmes sont loin d'être présentes en grand nombre dans la majorité des secteurs d'emploi.
- Malgré leur forte présence à l'université, les femmes demeurent concentrées dans les emplois de bureau et de services, tout comme en éducation (les services de garde, l'enseignement de

niveau préscolaire, primaire et secondaire) et en santé (sciences infirmières). Les hommes, quant à eux, se retrouvent dans une grande variété de domaines et dominent encore dans les secteurs les plus prestigieux.

- Lorsqu'on dit que les femmes sont plus nombreuses que les hommes sur les bancs d'école ou que leur situation en emploi s'améliore, cela fait surtout référence aux femmes blanches, mais pas à l'ensemble des femmes. La réalité est tout autre pour les femmes immigrantes, autochtones ou ayant des limitations fonctionnelles.
- Par exemple, les femmes issues de l'immigration se retrouvent plus fréquemment dans les emplois subalternes de la santé et de l'éducation ainsi que dans certains emplois de services et de cols bleus dans les manufactures, donc encore plus au bas de l'échelle que la moyenne des Québécoises.
- Parmi les 10 professions les plus exercées par les femmes, 4 sont des emplois élémentaires ou intermédiaires de bureau et 4 sont des emplois de services peu rémunérés.
- La ségrégation professionnelle diminue très peu : en 1995, 44,1 % des femmes se retrouvaient dans les dix principales professions féminines, comparativement à 40,9 % en 2000 et à 41,2 % en 2005[98].
- Plus du tiers des professions au Québec comptent moins de 20 % de main-d'œuvre féminine. Par exemple : 8,6 % dans les métiers du transport, 1,3 % dans les métiers de la construction et seulement 1 % en prévention des incendies[99] ! Des métiers plutôt lucratifs.
- Près d'un million de femmes, soit 45 % des travailleuses, ont subi du harcèlement sexuel dans leur milieu de travail au cours des dernières années[100], ce qui peut être un obstacle à l'entrée et au maintien des femmes dans des métiers et professions à prédominance masculine.
- On observe donc une ségrégation en emploi pour les femmes sur deux plans : horizontal (la diversité des métiers) et vertical (les femmes se retrouvent au bas de la pyramide organisationnelle).

… Les femmes sont partout, elles occupent les meilleurs emplois, vraiment ?

« Les mesures d'équité salariale ne sont plus nécessaires. Depuis que les femmes sont plus nombreuses à l'université, elles ont un revenu équivalent ou supérieur à celui des hommes... »

- L'écart salarial, depuis quelques années, a cessé de diminuer. En effet, on constate **un recul** entre 2007, où les femmes gagnaient en moyenne 76,2 % du salaire des hommes, et 2014, où le revenu moyen d'emploi des femmes représente 75 % de celui des hommes[101].
- Même si la scolarisation accrue des femmes permet de réduire les inégalités de salaire entre les femmes et les hommes, l'égalité n'est pas atteinte, et ce, même pour des diplômées de même niveau et de même domaine d'étude[102].
- En moyenne, les diplômées universitaires gagnent le même revenu que les hommes n'ayant qu'un diplôme collégial[103].
- En 2010, au Québec, 22,3 % des femmes titulaires d'un certificat d'études postsecondaires et travaillant à temps plein toute l'année touchaient un revenu d'emploi inférieur à 20 000 $, comparativement à 12,6 % de leurs homologues masculins[104].
- À leur entrée sur le marché du travail, les diplômées du baccalauréat gagnent en moyenne 88 % du salaire de leurs confrères et 90 % au niveau de la maîtrise, ce qui représente tout de même un manque à gagner de 115 $ par semaine au baccalauréat et de 123 $ par semaine à la maîtrise[105] !
- Parmi les titulaires d'une maîtrise ou d'un diplôme universitaire supérieur, 29,6 % des femmes touchent un revenu annuel d'au moins 80 000 $, alors que c'est le cas de plus de la moitié des hommes, soit 54,3 %[106].
- La Loi sur **l'équité salariale** est entrée en vigueur en 1996 au Québec, mais ce n'est que 10 ans plus tard que le Gouvernement du Québec conclut un règlement avec les organisations syndicales du secteur public, mettant fin à l'iniquité salariale dont étaient victimes 360 000 travailleuses[107]. C'est dire l'ampleur des disparités salariales. Et ici, on ne parle que du secteur public et syndiqué...
- Toutefois, cette loi n'a pas mis fin pour autant aux **couloirs de verre** (disparités salariales dans un même emploi) ni aux **plafonds de verre** (limite à l'ascension hiérarchique) pour les

femmes. En effet, il n'est pas rare que des femmes gagnent moins dans un même emploi que les hommes en raison des pertes de salaires associées à des grossesses, aux congés de maladie et de responsabilités familiales, au temps partiel et en général à la capacité des hommes à faire davantage de temps supplémentaire et à aller chercher des bonus. Les hommes se retrouvent aussi plus souvent qu'autrement aux échelons supérieurs d'un métier ou d'une profession et occupent des fonctions plus prestigieuses, donc mieux rémunérées. Pensons par exemple à l'image qu'on se fait d'un cuisinier (sûrement un chef) comparé à une cuisinière (dans une cafétéria) ou d'un couturier (haute couture) comparé à une couturière (une petite main)...

... Les femmes se heurtent toujours à des **barrières systémiques** et des stéréotypes sexistes qui freinent leur progression et leur ascension sur le marché de l'emploi. Il reste encore bien du travail à faire !

2.10 Conciliation travail-vie personnelle et rôles parentaux

En ce qui concerne la conciliation travail-famille, mais surtout le partage des tâches domestiques et des responsabilités familiales, on concède généralement, du bout des lèvres, que les femmes en assument encore une large part. Comme il est difficile d'admettre que des inégalités persistent dans la sphère domestique tout comme de responsabiliser les hommes à cet égard ! Combien de fois a-t-on entendu que les femmes veulent tout contrôler (toutes des Germaines, elles gèrent et elles mènent), que les hommes veulent s'impliquer, mais qu'on ne leur laisse pas la chance... Bref, il semblerait que les femmes et les institutions publiques ne laissent pas assez de place à l'implication des pères dans la famille et dans la société, et ceux-ci s'en trouveraient dévalorisés. Notons au passage qu'on entend rarement des revendications de pères pour un plus grand partage du travail domestique ou pour une implication accrue dans l'aide aux proches... Si on veut bien de la reconnaissance, le travail invisible, parce qu'il est invisible (et non valorisé), on le laisse aux femmes !

Ce qui dérange en fait dans certaines revendications de groupes de pères, ce n'est pas leur volonté d'implication dans la parentalité (au contraire !), c'est le postulat selon lequel les hommes n'y sont pas valorisés, les services ne sont pas adaptés à leurs réalités, bref, qu'ils sont victimes de discrimination. S'il y a bien une sphère où les discriminations sont les plus présentes à l'endroit des femmes, tacitement (et parfois aussi violemment) assignées au travail domestique et aux responsabilités familiales, c'est bien celle-là ! En s'impliquant davantage auprès de leurs enfants, les hommes découvrent, à leur tour, l'ampleur des résistances de la société et notamment du marché du travail à l'égard des parents. Pour vaincre ces résistances et préjugés persistants, c'est de solidarité et de soutien réciproque que nous avons besoin. Pas d'opposer les problèmes des hommes à ceux des femmes, ni de faire obstacle aux femmes sur le chemin de l'égalité, encore moins de les discréditer ou de les culpabiliser…

« Les femmes veulent tout avoir, des études, des enfants, une carrière, etc. Maintenant elles sont à bout de souffle et paient le prix de leur émancipation ; elles seraient mieux au foyer… »

- Faire reposer les tensions existantes entre vie familiale et vie professionnelle sur l'entrée massive des femmes sur le marché du travail, c'est faire fi des transformations majeures qu'ont subies les sociétés occidentales depuis les 40 dernières années[108], notamment :
  - L'obligation pour la majorité des ménages d'un **double salaire** (les deux parents en emploi) pour boucler le budget, depuis la crise économique du début des années 1980.
  - Les **transformations radicales du marché du travail** : rareté des emplois qui procurent une sécurité au profit de la précarisation du travail (atypique, temporaire, sur appel, délocalisé) et des exigences accrues de performance et de disponibilité.
  - L'**éclatement** des couples (un couple sur deux se sépare) et la **diversité des familles** (monoparentales, recomposées, homoparentales, intergénérationnelles, nucléaires).
  - La **déresponsabilisation de l'État en matière de filet social**, notamment en santé et services sociaux, ce qui s'est traduit par

un transfert des responsabilités vers la sphère privée, sphère à laquelle les femmes demeurent encore tacitement assignées.
  - Le **vieillissement de la population**, amenant de plus en plus de personnes, majoritairement des femmes, à assumer un rôle de proche aidante, tout en tentant de maintenir leur lien d'emploi.
  - L'**absence de politique gouvernementale en matière de conciliation** génère de grands impacts sur la santé des individus : stress, épuisement, augmentation des maladies chroniques et des troubles de dépendance (alcool, drogues, jeu, etc.) en plus de fragiliser le maintien en emploi (absentéisme, baisse de performance, roulement de personnel, etc.).
- Il serait beaucoup plus bénéfique socialement de prendre en compte les besoins pluriels et diversifiés des familles et d'apporter des solutions collectives pour répondre aux défis que suppose l'atteinte de l'équilibre entre la vie professionnelle et la vie personnelle (études, famille, participation citoyenne, etc.) plutôt que de faire porter le poids de ces transformations sociales sur les femmes.
- Prôner un retour des femmes au foyer relève d'une vision pour le moins nostalgique et idéalisée du modèle pourvoyeur-ménagère. La vie des femmes n'a jamais été un conte de fées avant leur entrée sur le marché du travail ni une vie reposante !
  - D'une part, le modèle pourvoyeur-ménagère a toujours été inaccessible pour bien des ménages, notamment pour les classes sociales les plus défavorisées et les familles monoparentales[109].
  - D'autre part, le travail accompli dans la sphère domestique, même s'il est plus souvent invisible et non rémunéré, représente une charge de travail colossale « qui dépasse largement les simples tâches répétitives qui permettent de garder la maison propre et de répondre aux besoins des jeunes enfants[110] ». Pensons notamment au soutien aux proches ou à la planification et à l'organisation liées à la vie des ménages.
- Proposer une seule perspective d'avenir aux femmes, soit le retour à la maison comme remède à tous les maux, c'est nier la pluralité et la diversité des femmes et de leurs aspirations.

- Si certaines femmes s'épanouissent dans la sphère domestique, d'autres y vivent un enfermement. Aurait-on idée de proposer un seul métier ou un seul rôle aux hommes : père ?!
- Par ailleurs, même si le travail invisible (travail ménager, soins aux enfants et aux proches) représente une large part du produit intérieur brut (PIB), soit entre 34 % et 54 % et qu'il génère entre 235 et 374 milliards de dollars annuellement (selon la dernière évaluation de Statistique Canada, en 1992), il demeure non reconnu et non rémunéré, privant les personnes qui l'accomplissent d'une pleine autonomie économique.
- La réduction de l'activité ou le retrait du marché du travail s'accompagne de conséquences économiques qui peuvent avoir des incidences sur les individus, majoritairement des femmes, à long terme. Par exemple :
  - Baisse ou arrêt des cotisations au Régime des rentes du Québec (RRQ).
  - Aucune protection en cas de maladie ou d'invalidité (CSST ou assurance-salaire).
  - Difficulté à réintégrer le marché du travail ou perte de promotion, etc.
- Rares sont les couples qui signent un contrat pour reconnaître l'apport du travail invisible au ménage en compensant le manque à gagner de la personne, très souvent une femme, qui n'a pas d'activité rémunérée au bénéfice de la famille, afin d'assurer son autonomie économique tout au long de sa vie (ex. : contribution REER).
- En l'absence de reconnaissance (symbolique et financière) du travail invisible, de compensation (revenu minimum garanti, par exemple) et de protection (CSST) liées à celui-ci, l'implication dans la sphère domestique demeure encore synonyme de pauvreté.

… La **difficulté de concilier vie professionnelle et vie familiale** n'est pas strictement un problème d'organisation individuelle et encore moins un problème de femmes ; c'est un **défi collectif** et sociétal.

« L'égalité est atteinte dans la sphère domestique. Si certaines inégalités persistent, c'est que les femmes veulent tout contrôler... »

- Dans les sociétés patriarcales – le Québec ne fait pas exception – la socialisation demeure genrée et reproduit la division sexuelle du travail.
- Les femmes et les hommes commencent leur vie de couple et la cohabitation avec des bagages de socialisation et d'expérience différenciés. Les jeunes femmes sont davantage socialisées à prendre soin et à effectuer le travail domestique, ce qui se répercute dans la répartition des tâches domestiques et des soins aux enfants[111], dont elles se sentent responsables.
- Pour la plupart des couples, la répartition des tâches se fait de façon « naturelle », c'est-à-dire sans faire l'objet de discussion préalable ni d'évaluation quant à la charge de travail et au temps requis pour l'effectuer[112]. Or, répartir les tâches domestiques et les soins aux enfants et/ou aux proches équitablement demande, autant aux femmes qu'aux hommes, de déconstruire les stéréotypes sexuels et sexistes, les rôles de genre et les comportements qui leur sont associés pour ne pas reproduire les habitudes transmises depuis des millénaires.
- Les publicités pour les produits ménagers, la nourriture, ce qui a trait aux enfants et à la famille le démontrent bien : ce sont presque toujours des femmes qui y sont mises en scène car c'est à elles que l'on s'adresse pour vendre ces produits.
- Encore aujourd'hui, les femmes demeurent assignées tacitement à la sphère domestique et au travail invisible, ce qui veut dire que l'on tient pour acquis qu'elles assumeront ces tâches.

C'est ainsi que des inégalités persistent dans la sphère domestique, et ce, au détriment des femmes :

- À partir de 15 ans, en moyenne, les femmes consacrent 3,65 heures par jour aux tâches domestiques (tâches domestiques, soins des enfants, magasiner des produits et des services) alors que les hommes y consacrent 2,5 heures par jour[113].
- Au Canada, en 2010, les femmes en couple qui étaient les seuls soutiens financiers de leur famille consacraient plus d'heures

par semaine aux tâches domestiques que celles dont le conjoint travaillait également à temps plein (dur à croire, mais vrai !). Or, les hommes qui ne travaillent pas ne font, en moyenne, que 4 % de plus de tâches domestiques que leur conjointe qui travaille pourtant à temps plein. Par contre, si l'homme travaille et que la femme reste à la maison, cette dernière en fera, en moyenne, **166 % de plus que son conjoint**[114].

- Les femmes s'absentent 30 % plus du travail que les hommes pour des obligations familiales et elles s'absentent 5 fois plus que les hommes pour des absences prolongées, soit d'une semaine et plus[115], ce qui a évidemment des impacts sur leur rémunération et leur parcours en emploi.
- La majorité des personnes qui assument le rôle de proche aidant sont des femmes et seulement une personne aidante sur 5 reçoit un soutien financier[116].

• Bien que les femmes aient massivement investi le marché du travail et que les hommes s'investissent de plus en plus au sein de la famille, la naissance d'un enfant continue d'accentuer les inégalités au sein des couples, au détriment des femmes[117].

• Les femmes consacrent près du double de temps au travail domestique que les hommes et cela s'accentue si elles ont un conjoint et des enfants. Pour les hommes, c'est l'effet inverse, ils font moins de tâches domestiques quand ils ont une conjointe et des enfants[118].

• Les femmes demeurent discriminées en emploi en raison de la simple présomption de la maternité, car l'employeur anticipe les absences au travail liées à la naissance d'enfants. Ce risque parental a donc des répercussions négatives sur l'embauche, sur la rémunération et sur l'évolution de la carrière des femmes[119].

C'est bien pratique de brandir le vieux mythe misogyne de la mégère, de la Germaine (la femme qui gère et mène dans la famille) pour justifier le peu d'empressement des hommes à s'investir de façon égale dans la sphère domestique. Pauvres hommes ! Ils voudraient bien faire le lavage ou passer l'aspirateur, mais ils n'arrivent pas à satisfaire les critères fixés par les femmes, qui ne cessent de leur dire comment faire les choses ou de les chasser de l'univers domestique (les méchantes), en les traitant d'incompétents ! Pourtant, la prise en charge des responsabilités domestiques et familiales, c'est quelque chose qui s'apprend et qui se discute, quelque chose d'accessible à toute personne de bonne volonté.

... En regard de tous les impacts négatifs associés au partage inégal du travail invisible (domestique et familial), peut-on réellement penser que les femmes souhaitent que la sphère domestique et plus particulièrement la famille demeurent leur chasse gardée ?

« Dans la famille, ce sont les femmes qui dominent, la place et les besoins des pères sont ignorés ; les ressources et les services ne sont pas adaptés aux réalités des pères... »

- Depuis une dizaine d'années, les mesures et initiatives visant à encourager l'implication des pères dans la famille se multiplient :
  - Depuis 2006, les pères bénéficient d'un congé de paternité payé de 5 semaines qui leur est réservé, c'est-à-dire non transférable à la mère[120]. C'est une avancée notable en matière d'égalité des sexes, en faveur d'un partage des rôles et des responsabilités familiales.
  - De plus en plus d'ateliers et de cours sont offerts aux hommes pour les soutenir dans leur rôle de père, notamment dans les organismes communautaires[121].
  - Récemment, l'initiative Amis des pères (à l'instar d'Amis des bébés dans les hôpitaux, pour favoriser la proximité avec le nouveau-né et l'allaitement maternel) a vu le jour. Elle vise à rejoindre les pères dans leurs milieux de vie et à transformer les services existants (services de garde, écoles, services sociaux et de santé, etc.) pour qu'ils soient plus inclusifs, accessibles et utiles aux pères[122].
- Comme la responsabilité et les soins aux enfants incombent encore largement aux femmes, il est vrai que les services ciblent souvent les mères et que les mères sont davantage en contact avec les professionnel.le.s. Par contre, cela ne signifie pas que les

services sont adaptés aux réalités et aux besoins des mères, comme en témoignent ces quelques exemples :

- Les femmes se retrouvent souvent contraintes d'aménager leurs activités personnelles et professionnelles en fonction des besoins de leurs enfants et des horaires peu flexibles des services de garde, des écoles, des CLSC, des hôpitaux, etc.[123], et ce, au détriment de leur carrière.
- Très peu de femmes ont la possibilité de choisir la ou le professionnel qui les accompagnera pendant leur grossesse et leur accouchement et c'est la même chose en ce qui a trait au choix du lieu de naissance (maison de naissance, à domicile ou hôpital). Seulement 2 % des femmes enceintes ont accès à un service sage-femme au Québec[124].
- Il y a de plus en plus de pression sociale sur les mères. Elles doivent avoir des comportements exemplaires : ne pas fumer, ne pas boire d'alcool, manger sainement en tout temps, faire de l'exercice et retrouver rapidement leur taille après l'accouchement. Et que dire des pressions faites aux femmes en matière d'allaitement…

• Se considérer comme victime en tant qu'homme dans un système dans lequel les hommes – et les pères – détiennent encore les privilèges est une stratégie antiféministe qui vise à occulter les inégalités systémiques persistantes à l'encontre des femmes.
• Les iniquités salariales en défaveur des femmes, qui gagnent toujours 75 % du salaire des hommes en moyenne[125], sont un frein considérable à l'implication accrue des pères dans la famille. En effet, lorsqu'il s'agit de choisir qui restera à la maison avec 55 % du salaire pendant le congé parental, par exemple, dans la plupart des cas, ce sera la personne ayant le salaire le moins élevé, en l'occurrence une femme, pour minimiser les impacts sur le budget familial[126].
• En ce sens, si on veut favoriser l'accroissement de la place des pères dans la famille et des hommes dans la sphère domestique (car nous n'oublions pas cet aspect important), il importe de s'attaquer aux causes systémiques qui maintiennent les inéga-

lités au détriment des femmes et de déconstruire les stéréotypes sexuels et sexistes.

- Dans le contexte où la responsabilité et les soins aux enfants incombent encore largement aux femmes, mais où les services ne sont pas adaptés à leur réalité et à leurs besoins, il est légitime de se demander pourquoi ne pas avoir investi dans une initiative « Amis des mères » – ou du moins « Amis des parents[127] » ? Même si l'initiative Amis des mères et des familles est de plus en plus documentée et soutenue, tant à l'échelle internationale qu'au Québec, aucun projet de ce genre n'existe au Québec[128], bien que les maisons de naissance et certains services de maternité en milieu hospitalier travaillent avec des approches d'*empowerment* pour les femmes en ce qui a trait à leur accouchement. Notons que cette initiative axe son intervention sur la grossesse et l'accouchement et non pas sur le soutien et la valorisation des mères à toutes les étapes de la maternité.

… Les femmes sont au cœur du processus de reproduction. Il serait temps qu'on pense à elles, qu'elles soient reconnues, soutenues, épaulées et non pas infantilisées, culpabilisées, médicalisées, inondées de conseils et de consignes. Amis des bébés, amis des Pères… et les mères dans tout cela ? Il serait temps qu'on soit véritablement leur ami.e !

2.11 Genre et changements climatiques

Hum… à première vue, « genre et changements climatiques », ça ne semble pas être une thématique ou un champ d'intervention investi par les antiféministes. Peut-être pas directement, mais lorsqu'on regarde tous ces climatosceptiques, ceux pour qui l'activité humaine et l'augmentation des gaz à effet de serre n'ont aucun lien avec le réchauffement de la planète, ces conservateurs fétichistes d'hydrocarbures, qui s'en remettent à Dieu et à la Loi du Marché en toute chose… on peut penser, sans trop risquer de se tromper, que ceux-ci (et celles-là, car, oui, des femmes de droite il y en a aussi !) sont loin de reconnaître l'existence et les impacts des différents systèmes d'oppression, tant sur les humains que sur la Terre. Pensons seulement à l'utilisation du corps des femmes et à l'image de celles-ci dans les campagnes publicitaires des compagnies pétrolières et gazières, comme gage d'acceptabilité sociale. Et que dire des impacts des grands chantiers d'exploitation sur les femmes : prostitution, violences, dégradations des conditions de travail et de vie…

Et pendant ce temps, les gouvernements et plusieurs groupes écologiques continuent à faire fi de la dimension du genre dans leurs analyses, leurs politiques et leurs interventions. Pire, lorsque les féministes tiennent compte de la dimension environnementale dans leurs luttes, il y a toujours quelqu'un pour leur dire de retourner s'occuper de leurs affaires… de femmes ! Encore une tentative de dépolitiser les luttes féministes et de les réduire à la sphère privée. Or, les luttes féministes concernent tous les aspects de la vie des femmes. L'environnement et la Terre, à laquelle nous sommes liées, ne sauraient en être exclus.

« Les féministes s'entêtent à dire que l'égalité n'est pas atteinte ; pourtant, au lieu de s'attaquer aux prétendues injustices, elles se mêlent des questions d'environnement. Elles ne savent plus quoi faire pour attirer l'attention ! »

- Les scientifiques sont unanimes, la lutte aux changements climatiques est l'enjeu environnemental et humain de notre siècle.
- Le mouvement féministe, qui lutte pour plus de justice et d'égalité, est directement interpellé par les luttes environnementales, car ce sont les mêmes systèmes d'oppression qui sont à l'œuvre dans la destruction de l'environnement que dans la reproduction et l'accroissement des inégalités : capitalisme, patriarcat, colonialisme, etc.[129].
- Les changements climatiques sont la démonstration criante que notre système économique actuel, basé sur l'appropriation et l'exploitation de la force de travail et des ressources naturelles, sans limite, est destructeur, tant pour la Terre, la biodiversité que pour les humains, particulièrement les femmes, qui forment la majorité des populations vulnérables[130].

- Les femmes occupent un rôle central dans les communautés affectées par des projets extractifs et/ou énergétiques[131].
- Parmi les sujets absents du développement du Nord et des grands chantiers de projets énergétiques, se trouvent, invisibles, les femmes autochtones. Celles qui constituent plus de 50 % de la population autochtone dans le Nord sont les moins écoutées, les moins consultées[132].
- Pourtant, la surreprésentation d'hommes sur les chantiers, blancs en majorité, tend à accroître les préjugés, les stéréotypes et les violences, notamment la prostitution.
- À cela s'ajoutent souvent des emplois moins bien rémunérés pour les femmes, l'augmentation du racisme, de la marginalisation, l'accroissement de la vulnérabilité en plus d'avoir des impacts sur la santé, liés à la détérioration de l'environnement et de la vie communautaire.

• Les changements climatiques ont des impacts différenciés selon les sexes en raison de la persistance de la division sexuelle du travail, des stéréotypes et des rôles sociaux de genre, comme en témoignent ces exemples[133] :
  - Selon l'ONU, les changements climatiques, tout comme les conflits armés, augmentent radicalement les **violences envers les femmes**, notamment lors de catastrophes naturelles.
  - Ce phénomène a été observé lors de la crise du verglas de 1998 au Québec. Le stress, la précarité, la promiscuité, l'insécurité ont une incidence sur l'augmentation de toutes les formes de violences envers les femmes (agressions sexuelles, violence conjugale, harcèlement, etc.).
  - En tant que proches aidantes, les femmes s'occupent encore davantage que les hommes des personnes à charge (enfants, parents âgés) ; cette responsabilité s'accroît avec les changements climatiques et lors de catastrophes naturelles.
  - Les personnes en situation de pauvreté, parmi lesquelles les femmes sont surreprésentées, vivent souvent dans des endroits et des conditions les rendant plus vulnérables aux catastrophes naturelles (demeures peu sécuritaires et mal isolées, quartiers insalubres ou surpeuplés, présence d'îlots de chaleur, etc.) et

peuvent difficilement se payer des mesures d'adaptation souvent dispendieuses pour faire face aux dérèglements du climat.

- Le genre a un impact sur la vulnérabilité et la résilience des individus. L'absence d'analyse différenciée selon le genre des impacts des changements climatiques risque alors d'exacerber les inégalités sociales existantes. Il est donc impératif d'intégrer les questions de genre dans les politiques et interventions des gouvernements et des organismes dans la lutte et l'adaptation aux changements climatiques.

… Les femmes sont des **agentes de changement** dans la lutte et l'adaptation aux changements climatiques, des actrices de premier plan dans le partage d'information et de connaissances, la prise de décisions, la mobilisation et l'éducation des citoyennes et citoyens. Ce rôle essentiel doit être reconnu et mis de l'avant dans toutes les sphères d'action.

2.12 Femmes et pouvoir

La (relative) mixité professionnelle ne s'est pas accompagnée d'un accès égal des femmes aux positions de pouvoir… Force est de constater que 75 ans (en 2015) après l'obtention du droit de vote et d'éligibilité des femmes au Québec, elles demeurent minoritaires dans les postes décisionnels et les postes de direction. On nous sert tout un tas d'arguments pour expliquer la lente progression des femmes dans les sphères de pouvoir: elles ne seraient pas intéressées, pas assez compétentes (merci M. Parizeau!), trop occupées avec leurs enfants et leur famille, pas assez combatives et déterminées, etc. Voyons ce que révèlent ces arguments. Des arguments de nature, des arguments qui cachent le manque de volonté politique des instances (dirigées par les hommes) à mettre en place des mesures efficaces pour atteindre réellement l'égalité. Des *boys' clubs* dont les hommes n'ont pas envie de se défaire. Des chasses gardées qui protègent leurs intérêts et leurs privilèges. De cela, on parle trop peu. Et quand il s'agit de mettre en place des mesures concrètes et obligatoires pour atteindre la parité, on se tourne plus souvent qu'autrement vers la vieille stratégie des femmes rivales, comme si c'était toujours la place d'une femme qu'il fallait prendre. On nous dit que les femmes politiques elles-mêmes ne veulent pas de discrimination positive, qu'il faut y aller avec la « méthode douce » pour que les femmes soient réellement acceptées et non pas imposées (et leurs compétences mises en doute)... Mais au rythme où va la méthode douce (ou plutôt le laisser-faire), l'égalité dans les sphères de pouvoir risque d'arriver quand les poules auront des dents...

« Depuis que les femmes ont accès à la politique et aux sphères de pouvoir, leur représentation progresse de façon constante... »

- La représentation des élues à l'Assemblée nationale du Québec plafonne autour de 30 % depuis les années 2000.
- Les statistiques des dernières élections le démontrent : 30,4 % en 2003, 25,6 % en 2007, 29,6 % en 2008, 32,8 % en 2012 et 27,2 % en 2014 pour descendre à 26,4 % en 2015 (à la suite d'une démission)[134].
- On appelle ce phénomène le plafond de verre, c'est-à-dire des obstacles systémiques et invisibles qui freinent la progression professionnelle des femmes.
- Ce plafond de verre est présent tant dans les sphères politiques que dans les entreprises :
  - L'élection fédérale de 2011, avec l'entrée en poste de 76 députées, a établi un record historique, en partie grâce à la vague néodémocrate (qui a recruté une plus grande proportion de candidates), ce qui a fait grimper la représentation à... 25 %[135] ! Wow, un quart de femmes, quel record !
  - En politique municipale, la représentation des femmes stagne depuis les 10 dernières années, ne faisant que des sauts de puce d'une élection à l'autre. Après les élections municipales de 2013, les femmes n'étaient que 17 % à occuper un siège de mairesse et 32 % en tant que conseillères[136].
  - Au Canada, en 2012, les femmes occupaient à peine 14 % des sièges des conseils d'administration des 500 plus grandes entreprises et 40 % de ces entreprises n'ont aucune femme au sein de leur conseil d'administration[137]. You-hou !

- Les femmes demeurent fortement sous-représentées dans les hautes instances de direction des entreprises. Le Québec est d'ailleurs en queue de peloton au Canada, les femmes ne constituant que 20 % des membres des conseils d'administration des plus grandes entreprises en 2013, derrière la Saskatchewan (23 %) et la Nouvelle-Écosse (26 %)[138]. Et dire que le Québec se prétend leader quant à l'égalité !

- Le Conseil des ministres formé à la suite des élections provinciales de 2014 ne compte que 8 femmes sur 27 membres et les plus gros portefeuilles ont été attribués exclusivement à des hommes (Conseil du trésor, finances, santé, éducation, emploi, transport, etc.).
- La représentation des femmes dans les sphères de pouvoir risque de se détériorer avec les coupes récentes dans le programme *À égalité pour décider*, qui vise à accroître et à soutenir la représentation des femmes dans les sphères de pouvoir, en plus des réductions des budgets (déjà maigres) du Conseil du statut de la femme et du Secrétariat à la condition féminine[139].
- En 1998, le Québec était au 15e rang mondial en termes de représentation politique des femmes. Depuis, plusieurs pays ont instauré des quotas pour accélérer l'atteinte de l'égalité dans les sphères de pouvoir, avec succès. Il n'en a pas été de même au Québec et au Canada, qui occupent désormais, en 2014, le 44e et le 45e rang de représentation politique[140].
- Les avancées des femmes en politique demeurent fragiles et leur maintien en poste, un défi majeur en raison des préjugés et des obstacles persistants. Pendant près d'un an (au cours de l'année 2012-2013), le Canada a pu compter sur 6 femmes à la tête d'une province ou d'un territoire, représentant 85 % de sa population. En août 2014, il n'en restait plus que deux, soit Christy Clark (Colombie-Britannique) et Kathleen Wynne (Ontario)[141].
- Le Québec a eu pour la première fois une femme première ministre en 2012 (Pauline Marois). Quand reverrons-nous cela ? La majorité des partis actuels ont des hommes comme chefs…

« Les femmes sont invitées[142] à investir la politique. Si elles sont peu nombreuses, c'est que la sphère politique ne les intéresse pas... »

- On le constate partout dans le monde : là où il y a des mesures qui favorisent l'égalité dans les sphères de pouvoir, comme les quotas, les femmes investissent massivement cette chasse gardée masculine.
- Les quotas, soit partisans (instaurés par les partis), soit légaux (exigés par la loi), ont permis dans plusieurs pays des percées impressionnantes et rapides pour les femmes. Par exemple, la Belgique (quota légal) a atteint 39 % de représentation féminine, tandis que la Suède (quotas partisans) est quatrième au monde avec 45 %[143].
- Les partis politiques recrutent majoritairement dans les milieux des affaires, de la finance et du droit, des milieux reconnus traditionnellement comme des *boys' clubs*, et ont tendance à combler un poste vacant par un homme. Lorsque les partis se fixent des objectifs de zone de parité et se donnent des mesures pour les atteindre, les résultats sont probants[144].
- La Loi sur la gouvernance des sociétés d'État du Québec, qui vise la parité, a porté fruit : en 2013, 51 % des membres des conseils d'administration étaient des femmes[145]. Ce qui démontre que les femmes sont au rendez-vous quand on se donne la peine de les recruter et/ou de mettre en place des mesures pour soutenir leur participation.
- Ce sont plutôt des obstacles d'ordre systémique qui freinent la participation des femmes aux sphères politiques.
  - Par exemple, les élues, tant au fédéral, au provincial qu'au municipal n'ont pas droit aux congés de maternité/parentalité.
  - Les responsabilités liées à la sphère domestique (travail invisible) auxquelles les femmes continuent d'être assignées tacitement constituent un frein à leur implication dans les sphères de pouvoir.
- Ce n'est donc pas un hasard si le groupe d'âge le plus représenté en politique est celui des 55 à 64 ans, qui compte 32 % des élu.e.s (tous sexes confondus) au niveau municipal[146].

« Imposer la parité en politique et dans les instances décisionnelles par des quotas serait antidémocratique. Si les femmes sont intéressées et compétentes, qu'elles se présentent et fassent leur place comme tout le monde... »

- Faire sa place « comme tout le monde » renvoie à un référent masculin. Les femmes ayant été exclues jusqu'à tout récemment de la sphère politique, la culture et les règles politiques ont été édictées par et pour les hommes. Alors faire sa place dans ce milieu, c'est faire sa place selon les règles d'un jeu mises en place par les hommes. Pas très invitant ni confortable, pour plusieurs femmes...
- Selon l'ONU, un pourcentage minimal de 30 % est nécessaire pour que les groupes discriminés puissent exercer leur influence, faire entendre leur réalité et faire en sorte que les institutions politiques commencent à voter des lois qui tiennent compte de leurs intérêts[147].
- Il en va de même pour les conseils d'administration où une étude de HEC Montréal révèle qu'un minimum de trois femmes à un conseil d'administration d'une dizaine de membres est requis pour former un début de masse critique, pour que les femmes puissent faire entendre leurs préoccupations et amorcer ainsi un changement de culture politique[148].
- L'atteinte de l'égalité ne peut reposer que sur la volonté politique, car celle-ci est amenée à changer selon les individus au pouvoir, selon leur point de vue et leurs intérêts. En effet, le Québec a connu en 2007 son premier conseil des ministres paritaire et cette situation ne s'est pas reproduite depuis.

... Depuis 1961, seulement 127 femmes ont été élues députées au Parlement du Québec. Juste assez pour remplir une seule fois l'Assemblée nationale exclusivement de femmes... On est près d'atteindre l'égalité, vous pensez ?

Il y a maintenant près de 15 ans que la représentation des femmes, à tous les paliers de gouvernement, peine à dépasser les 30%, seuil critique où commence à s'exercer le pouvoir d'influence. Nous sommes manifestement devant un épais plafond de verre. Sans volonté politique ni mesures tant incitatives que coercitives, la représentation des femmes dans les sphères de pouvoir continuera à être ponctuée de reculs et de lentes avancées.

Faire éclater les plafonds de verre n'est pas la responsabilité des femmes, prises individuellement. Cela ne peut reposer que sur des cheminements individuels, sur la force et le sacrifice de quelques femmes, qui font encore aujourd'hui figures de pionnières. La politique et les hautes fonctions de gestion demeurent des *boys' clubs*.

Pour reprendre les mots de Judith Lussier (2014b), un *boys club* « c'est un lieu qui, bien qu'il dise faire de la place aux femmes, rend les conditions d'accès hostiles à ces dernières. Par exemple, en balayant du revers de la main toute critique féministe, en ridiculisant les préoccupations des femmes [...] ou en banalisant les gestes sexistes[149] ».

Cette définition colle manifestement aux sphères de pouvoir et au monde de la politique. De cela découle un climat et une culture qui font en sorte que même si des femmes y ont accès (une minorité, très peu diversifiée), peu d'entre elles s'y sentent suffisamment confortables pour y rester. Nous pourrions ajouter que cela constitue un contexte peu favorable pour un changement dans les façons d'exercer le pouvoir, pour mettre fin aux rapports de domination et repenser les institutions démocratiques.

Même si les avantages de la parité en politique ne sont plus à démontrer, les sphères d'influence – les paliers de gouvernement et les grandes entreprises – tardent à mettre en place des mesures pour favoriser l'accès des femmes au pouvoir. Il est clair que la volonté politique manque et que tous les efforts n'ont pas été déployés pour atteindre une réelle égalité des sexes dans la participation aux instances démocratiques. Il est temps de mettre en place des mesures concrètes et efficaces pour s'attaquer aux obstacles qui freinent la participation des femmes à la vie démocratique :

- Une adaptation du cadre politique aux réalités du marché du travail et de la diversité des familles d'aujourd'hui (souplesse, flexibilité, conciliation travail-famille, etc.).

- Une volonté politique de mettre fin aux *boy's clubs*.
- Des objectifs clairs de parité et des politiques de recrutement pour les atteindre.
- Une pluralité de mesures, tant incitatives que coercitives pour atteindre la parité et susciter le leadership des femmes, comme l'alternance hommes-femmes tant dans la prise de parole qu'aux postes des conseils exécutifs et sur les listes électorales, ou encore une zone de parité ou quotas minimaux.

Il est temps que les femmes dans les sphères de pouvoir cessent d'être des pionnières ; qu'elles deviennent la règle plutôt que l'exception !

2.13 Non-mixité

Ah, la non-mixité ! On en entend des bonnes sur cette volonté des femmes de se donner des espaces bien à elles, des espaces auxquels les hommes n'ont pas accès ! Car, on le sait bien, laisser les femmes entre elles peut être dangereux. Après tout, une femme diabolique sommeille (plus ou moins profondément) en chacune de nous ! Les femmes pourraient parler des hommes (oh !), se soulever contre les hommes (arg !), se solidariser (danger !) et agir ensuite sur leurs propres bases (sans la bienveillante protection des hommes). Ouf ! Pire, la non-mixité serait une horrible discrimination envers les hommes, une ségrégation à leur endroit (avec tous les préjudices que cela suppose), mais surtout, cela les empêcherait de prendre pleinement part à la quête d'égalité. Pauvres petits choux, ils ont besoin de nous. Si certaines de ces affirmations peuvent faire sourire ou grincer des dents, elles ont parfois des impacts désastreux dans certains milieux. Que l'on pense notamment aux comités femmes des syndicats ou des associations étudiantes, qui sont constamment remis en question et qui déploient des efforts colossaux pour conserver les maigres budgets qui y sont associés. Sans compter les groupes de défense collectifs des droits dont on ne cesse de réduire les subventions. Tout cela participe d'une même logique : celle de miner le pouvoir des femmes, de décider de leurs luttes et de l'organisation de celles-ci. La vigilance est de mise...

« Les femmes (surtout les jeunes) ne sont pas intéressées à se joindre à des comités non mixtes ; elles veulent travailler avec les hommes sur les questions d'égalité... »

- Les espaces de non-mixité sont revendiqués par les femmes de tous âges et de tous les milieux. Les groupes mis sur pied pendant le printemps 2012 en sont des exemples particulièrement éloquents[150].
- Dans les comités ou organisations mixtes, plusieurs femmes observent un décalage entre les principes féministes et leur application réelle, sans oublier que les revendications féministes sont trop souvent occultées ou reléguées au second plan des luttes collectives.
- La participation à des comités mixtes est souvent un facteur de prise de conscience des inégalités persistantes envers les femmes.
- Beaucoup de femmes font l'expérience de rapports de pouvoir, de propos sexistes et peinent à faire entendre leur voix dans les organisations mixtes. La non-mixité crée un espace sécuritaire où les femmes peuvent se retrouver entre elles afin d'échanger sur leur vécu, les injustices individuelles et collectives, sans censure.
- La non-mixité permet aux femmes de définir leurs luttes, d'identifier leurs revendications et de déterminer leurs actions, de façon libre et autonome.
- Les comités femmes demeurent une porte d'entrée importante pour les femmes dans le syndicalisme et l'action politique.
- Les comités femmes non mixtes sont des lieux essentiels d'apprentissage, de partage et de formation, tant de la militance et de l'action politique que de la transmission de l'histoire des luttes féministes. Ils ont un impact bénéfique sur le développement de la confiance, de l'estime de soi et du leadership des femmes.

« Les comités non mixtes sont des organisations discriminantes

parce qu'elles excluent les hommes… »

- La non-mixité est un droit et un moyen de lutte pour les groupes discriminés.
- La non-mixité est un outil politique qui permet aux femmes de prendre conscience de leur oppression et d'organiser la lutte pour leur l'émancipation.
- La société est patriarcale, pensée par les hommes, pour les hommes. En ce sens, même si les femmes évoluent dans un environnement mixte, elles se définissent encore par rapport aux hommes, qui se posent en référent.
- La création d'espaces non mixtes permet aux femmes de se soustraire au pouvoir des hommes, de se définir autrement que par le regard et le jugement des hommes, de se construire par elles-mêmes.
- La non-mixité est essentielle pour apprendre notamment la parole et l'action et pour redéfinir nos rapports sociaux.
- La non-mixité est aussi un facteur de protection contre l'agression antiféministe. Elle permet aux femmes de mieux réagir et d'élaborer des stratégies.
- La non-mixité n'est pas de la ségrégation. Ce n'est pas la même chose que d'exclure une personne à cause de son sexe (d'une taverne ou d'un club de golf par exemple) ou de la couleur de sa peau. La non-mixité vise plutôt la protection (par exemple les gym pour femmes) et l'empowerment des femmes. Par ailleurs, la non-mixité n'empêche pas des va-et-vient avec des comités mixtes ni la création d'alliances et de collaborations.
- Les comités femmes non mixtes et les groupes de femmes autonomes s'inscrivent dans une mouvance féministe pour l'atteinte de l'égalité pour toutes les femmes. Ces organisations travaillent en alliance avec des groupes mixtes, tant aux plans local, national et international, et ce, depuis le début des luttes.

« La non-mixité dans certains groupes ou activités est un frein à la participation des hommes à la quête d'égalité... »

- Les hommes ont un rôle à jouer dans la lutte pour l'égalité. Ce rôle ne peut pas être celui des femmes. Ils doivent mener leurs propres luttes contre le sexisme et le patriarcat et prendre conscience de leurs privilèges dans la société. Les femmes ont déjà assez à faire de leur côté pour prendre la responsabilité d'accueillir et de s'occuper des hommes dans leur groupe.
- Respecter, reconnaître et soutenir les espaces de non-mixité mis en place par les femmes sont des aspects fondamentaux de la lutte féministe.
- Les hommes peuvent participer à l'avènement d'une société égalitaire, dans toutes les sphères de leur vie. Personne n'empêche les hommes de défendre des principes féministes et de lutter contre les inégalités persistantes envers les femmes.
- C'est aux hommes d'inscrire les questions d'égalité à l'ordre du jour des comités et/ou des organisations qu'ils investissent, et de lutter, surtout dans les lieux où ils sont toujours majoritaires.
- Les vrais alliés sont capables de comprendre quand leur présence est souhaitable (convaincre d'autres hommes, activités de sensibilisation) et quand elle ne l'est pas (partage et activisme politique).

2.14 La Journée internationale *des* femmes

La Journée internationale des femmes est souvent l'occasion d'une récupération médiatique des propos antiféministes qui laissent place à des bavardages de tout acabit sur les femmes, question de bien dépolitiser cette journée, pourtant essentielle. Une tendance aussi de plus en plus forte est celle des cahiers spéciaux, notamment dans les hebdos locaux, qui « marchandisent » cette journée, qui devient une façon de faire de la publicité pour les entreprises, en réduisant les femmes à des consommatrices, qui n'auraient d'autre quête que celle de la beauté (épilation, nouvelle garde-robe, manucure, gâtez-vous mesdames, c'est votre journée !). Et que dire de cette horripilante manie de céder le micro aux hommes pour nous parler de la situation des femmes – ou de celle des hommes, des pères – parce qu'il faut se soucier d'eux aussi (question de tenter de nous culpabiliser, le féminisme une fois par année, c'est trop difficile, il faut équilibrer) ? Et les hommes aujourd'hui ? On en parlera demain, comme tous les autres jours de l'année, où les projecteurs sont sur eux.

« Pourquoi une journée internationale de la femme, quand il y a déjà la fête des Mères ? Il devrait y avoir aussi une journée internationale de l'homme... »

- Il n'y a aucun lien entre la fête des Mères et la Journée internationale des femmes, tant dans leurs origines que dans leurs dimensions politique, sociale et culturelle.
- La fête des Mères n'est pas la fête de toutes les femmes, les femmes ne sont pas toutes mères.
- La Journée internationale permet de souligner la contribution de toutes les femmes à la société et de témoigner de notre adhésion collective à la quête d'égalité pour toutes les femmes.
- La Journée internationale des femmes n'est pas une fête, mais une journée de reconnaissance du caractère politique des luttes des femmes pour l'égalité.
- En ce sens, on ne veut pas, lors de cette journée :
  - se faire souhaiter « Bonne fête ! ».
  - recevoir des chocolats ou des fleurs !
  - entendre des hommes dire qu'« eux » aiment les femmes.
  - se faire dire, dans certains milieux de travail : « aujourd'hui, c'est nous qui vous servons le café », etc. (la liste pourrait être très longue !).
- Ces propos et actions sont paternalistes et condescendants. Ils contribuent à la banalisation des luttes des femmes pour l'égalité et nient la dimension systémique de l'oppression des femmes.
- Dans une société patriarcale où les hommes détiennent le pouvoir, les privilèges et l'attention médiatique, la journée de l'homme, c'est tous les jours.

« Pourquoi célébrer le 8 mars aujourd'hui ? En quoi est-ce encore nécessaire dans une société aussi privilégiée que la nôtre ? »

- Parce que trop de gens disent encore la : « Journée internationale de LA femme » !
  - « LA femme », fait référence à une seule femme, à un modèle unique d'être femme, voire à une chose.
  - L'expression « LA femme » nie non seulement la diversité et la pluralité des femmes et de leurs vécus, mais aussi la dimension systémique de leur oppression et de leur lutte.
  - Employer le terme « les femmes » permet de ne pas individualiser la condition féminine et de collectiviser les expériences des femmes.
  - « Les femmes » permet de revendiquer l'égalité pour toutes les femmes, en tenant compte de l'impact des différents systèmes d'oppression (colonialisme, racisme, capitalisme, etc.) sur leurs possibilités d'émancipation.
- Car, bien que les Nations Unies aient déclaré le 8 mars « Journée Internationale de *la* femme » en 1977, à l'origine elle fut nommée « Journée Internationale *des* femmes », lors d'un congrès international des femmes en 1910[151]. Dans une perspective historique et féministe, il serait juste de respecter cette dénomination.
- Parce qu'il importe de se rappeler que la Journée internationale des femmes est célébrée depuis plus de 100 ans. Cette journée fait partie de notre histoire collective.
- Parce que l'égalité entre les femmes et les hommes et entre les femmes elles-mêmes est loin d'être atteinte, au Québec comme ailleurs.
- Le 8 mars est une occasion pour les femmes d'avoir accès à une certaine (quoique critiquable) visibilité médiatique pour parler des revendications féministes devant de plus larges tribunes.
- La Journée internationale des femmes est un moment pour faire le bilan de nos luttes et célébrer nos victoires.
- La Journée internationale des femmes nous permet de nous rassembler, de nous souvenir des luttes passées et nous donne la force d'avancer pour poursuivre nos luttes pour toutes les femmes.

- Pour appuyer nos sœurs qui ont encore moins de droits reconnus que nous, tant ici (autochtones, réfugiées, esclaves domestiques ou sexuelles), que partout dans le monde.

Pour tout savoir sur l'origine de la Journée internationale des femmes : CONSEIL DU STATUT DE LA FEMME. *L'origine véritable du 8 mars – Journée internationale des femmes*, gouvernement du Québec, 2011.

Nous n'aurons plus besoin du 8 mars quand on cessera de dénoncer le féminisme et que l'égalité pour toutes les femmes sera atteinte !

D'ici là, la Journée internationale des femmes est nécessaire, notamment pour :

- Rappeler notre histoire et nos luttes féministes.
- Faire le bilan de nos actions et des luttes qu'il reste à mener.
- Sensibiliser la population aux inégalités systémiques persistantes.
- Célébrer nos victoires, notre militance, notre action politique.
- Renforcer nos solidarités avec les femmes d'ici et d'ailleurs...

Tant que toutes les femmes ne seront pas libres, nous serons en Marche[152] *!*

3. LE FÉMINISME, PLUS NÉCESSAIRE QUE JAMAIS !

Si la première femme créée par Dieu était assez forte pour renverser le monde à elle toute seule, les femmes devraient être capables de le remettre à l'endroit. Et maintenant que les femmes le demandent, les hommes feraient mieux de les laisser faire.

Sojourner Truth (1797-1883), abolitionniste afro-américaine, défenseure des droits civiques et féministe

Si les propos antiféministes et les attaques aux droits des femmes fusent de toutes parts, on assiste en même temps à des témoignages d'appui à la cause féministe qu'on aurait eu du mal à imaginer il y a quelques années. Pensons à toutes ces vedettes et personnalités publiques qui affirment de plus en plus leur féminisme ou aux campagnes internationales et locales qui visent à engager les hommes dans les luttes féministes.

Si les féministes prennent de plus en plus la parole, dans toutes les sphères de la société et à travers une diversité de médiums, les propos antiféministes, voire les commentaires haineux, font en même temps un retour en force. Mais avaient-ils déjà été moins présents ? ! Ce qui est le plus déstabilisant dans tout cela, c'est que, parfois, les propos ou attitudes misogynes proviennent aussi de ceux qui se disent nos alliés. C'est ce qui fait le plus mal. Et puis, disons-le, il y a aussi des rapports de pouvoir dans le mouvement féministe, c'est-à-dire entre les femmes. Les luttes pour mettre fin aux systèmes d'oppression sont loin d'être terminées. Et pour ce faire, il faut continuer à approfondir notre compréhension des mécanismes de reproduction de la domination et des inégalités, entre les sexes et entre les femmes elles-mêmes. Des solidarités à renforcer, des réflexes à développer et des alliances à construire, un monde à réinventer. Regards sur quelques outils et perspectives pour des luttes plus solidaires.

3.1 L'intersectionnalité

L'intersectionnalité des oppressions, comme outil d'analyse théorique et pratique, est au cœur des préoccupations du mouvement féministe actuel. Pourquoi ?

Pour mieux comprendre les discriminations que vivent les femmes et la diversité de leurs vécus. En effet, si l'on veut comprendre et abolir les différents systèmes d'oppression (patriarcat, colonialisme, racisme, etc.), il importe de reconnaître que ceux-ci sont imbriqués et se renforcent les uns les autres pour exacerber les discriminations vécues par les femmes et que ces discriminations varient d'une femme à l'autre. Ces discriminations peuvent même varier chez une même femme au cours de sa vie, dépendamment des **interactions des systèmes d'oppression** à l'œuvre. En effet, une femme autochtone peut vivre les effets combinés à la fois du **colonialisme**, du **racisme** et du **patriarcat** et, tout en étant femme, ressentir plus fortement les effets du système colonial sur son autodétermination que ceux du patriarcat. D'autre part, une femme qui aurait un accident ou une maladie, qui réduirait sa mobilité ou ses capacités, ressentirait alors les effets du **capacitisme**[1] et verrait à quel point notre société est pensée, organisée et accessible seulement pour les personnes sans aucune contrainte fonctionnelle. Cette femme se retrouverait alors à l'intersection de différents systèmes d'oppression, soit le patriarcat et le capacitisme, auxquels pourraient s'imbriquer le racisme ou l'**homophobie**, dépendamment de la couleur de sa peau ou de son orientation sexuelle, par exemple.

Il s'agit en fait d'élargir nos horizons et de déconstruire ce monde binaire qui tend à opposer, diviser, cataloguer, assigner et contraindre (par exemple, par la présomption à l'hétérosexualité et à l'adoption du genre qui correspond au sexe biologique présumé). De ce fait, on continue de nier que l'orientation sexuelle et l'identité sexuelle et de genre sont mouvantes et non déterminées, exerçant ainsi des pressions énormes sur les personnes en fonction de leur identité, de leur expression de genre ou de leur statut intersexe, pour se conformer à ce qu'on conçoit comme étant la norme. Aujourd'hui le féminisme donne une voix et un espace à ces réalités (parce que, comme on l'a vu précédemment, ce qui n'est pas nommé n'existe pas) et cherche ainsi à abolir les rapports de pouvoir entre les femmes.

Tenir compte des impacts des différents systèmes d'oppression à l'œuvre dans la vie des femmes c'est :

- enrichir notre compréhension des différents mécanismes de reproduction des inégalités ;
- prendre en compte les réalités plurielles et diversifiées du vécu de l'oppression des femmes ;
- soutenir les revendications des femmes les plus discriminées et marginalisées ;
- mener des luttes solidaires et porteuses d'une réelle égalité, pour toutes les femmes !

En somme, c'est la prise de conscience que les oppressions sont interreliées et que l'on n'en abolira pas une sans abolir les autres. En d'autres mots, que l'élimination du patriarcat (si on voit cela de notre vivant !) n'entraînera pas la fin de toutes les discriminations pour les femmes, car les autres systèmes d'oppression sont aussi générateurs d'inégalités à l'encontre des femmes. L'intention dans l'analyse intersectionnelle n'est pas de comptabiliser les différents systèmes d'oppression à l'œuvre chez les femmes afin de voir lesquelles sont les plus discriminées ou marginalisées, mais bien d'agir et de lutter pour l'élimination de tous les systèmes d'oppression, pour une véritable libération des femmes… de toutes les femmes !

Pour en savoir plus sur les théories et les pratiques de l'intersectionnalité :

- FÉDÉRATION DES FEMMES DU QUÉBEC. *Résister, construire, transformer*, Cahier préparatoire au congrès d'orientation du 27 au 29 mars 2015, 2014, p. 11 à 13, <www.ffq.qc.ca/a-propos/vie-associative/congres>.
- HARPER, Elizabeth. *Regards sur l'intersectionnalité*, Centre de recherche interdisciplinaire sur la violence familiale et la violence faite aux femmes (CRI-VIFF), Collection « études et analyses », nº 44, 2012, <www.criviff.qc.ca/upload/publications/pub_06112012_83352.pdf>.
- PAGÉ, Geneviève. « Intersection des oppressions ou l'indivisibilité de la justice », *Françoise stéréo*, nº 1, 22 juin 2014, <francoisestereo.com/intersection-des-oppressions-ou-lindivisiblite-de-la-justice-1>.

3.2 Le langage épicène

Ah, ce fameux langage épicène ! Cette chose qui apparaît si complexe aux yeux de plusieurs (et inutile à bien d'autres) a pourtant un but tout simple : utiliser un langage non sexiste et inclusif ! C'est-à-dire arrêter d'employer systématiquement et uniquement des termes masculins alors qu'on réfère à la fois à des hommes et à des femmes, tels que : Québécois, étudiants, travailleurs, citoyens. Est-ce si compliqué de dire enseignantes et enseignants ? Ou de choisir des termes génériques qui désignent à la fois les femmes et les hommes, comme candidature au lieu de candidat ?

Y a-t-il quelque chose de plus irritant que d'entendre le mot TOUS, en guise de bienvenue, à une assemblée composée presque entièrement de femmes ?! Ou encore : « en ce jour d'élection, les citoyens sont conviés à… ». Et les citoyennes elles ?! Elles sont conviées à quoi, à être spectatrices ? Ou lors de la dernière élection municipale, combien de fois a-t-on entendu : « quelles seraient les compétences nécessaires et l'expérience recherchée d'un bon candidat à la mairie ? » C'est comme si, d'office, la première compétence recherchée était d'être un homme. Ho, ça existe des mairesses ! Ce ne sont pas les exemples qui manquent. L'utilisation d'un langage au masculin est quotidienne, récurrente, omniprésente. C'est comme si les femmes n'existaient pas, qu'elles étaient transparentes, absentes, qu'on n'avait pas besoin de les nommer pour qu'elles se sentent concernées. En fait, on le voit bien, malgré les avancées féministes et la présence accrue des femmes dans toutes les sphères de la société, la norme, l'habitude demeure de tout accorder (dans tous les sens du terme !) au masculin.

Même si, depuis 1979, l'Office de la langue française recommande la féminisation des titres et par la suite, l'utilisation du langage épicène, on a plutôt l'impression que ces recommandations datent des années 2000 ou qu'elles n'ont jamais été entendues ! Plusieurs d'entre nous ont appris sur les bancs d'école, encore dans les années 1980 et 1990, que le masculin englobait le féminin et/ou que le masculin l'emportait sur le féminin. Le masculin gagne, le masculin l'emporte sur le féminin, le masculin désigne l'universel (que dire de l'expression « les droits de l'Homme » !). Des années à entendre ces phrases, à les mémoriser pour se rappeler les règles de grammaire. Ces phrases, au-delà de la grammaire, sont lourdes de sens. Elles impriment l'infériorisation des femmes dans l'inconscient, ouvrant ainsi la porte aux stéréotypes sexuels et sexistes, traçant des voies distinctes pour les femmes et pour les hommes. Elles sont le reflet de notre schématisation des rapports sociaux de sexe. Elles réfèrent à notre inconscient collectif qui a emmagasiné des années d'infériorisation des femmes.

Les mots ne sont pas neutres, la grammaire non plus ! Et **ce qui n'est pas nommé n'existe pas**. C'est ce que l'utilisation d'un langage sexiste provoque : l'occultation et la négation de la moitié de la population. Trop longtemps les femmes ont été mises entre parenthèses, au propre comme au figuré, les enfermant dans un cadre très précis. Maintenant, on ne sait plus trop quoi faire avec elles, à l'écrit comme dans la société ! Parfois, on les sépare d'un trait d'union, d'un point ou on les met en majuscule. Mais chaque fois, il y a dissonance, ajout, retrait, fossé entre ce qui est d'office, le masculin, et ce qui vient compléter, le féminin. Il y a encore hiérarchie, domination par le langage.

Oui, repenser nos façons de dire et d'écrire demande un effort, tout comme déconstruire les stéréotypes sexuels et sexistes et repenser les rôles de genre. Mais sans ce nécessaire exercice, on ne peut que reproduire les vieilles chimères, empreintes de domination et de violence. Car ne pas nommer les femmes, c'est leur faire violence, les traiter en citoyennes de seconde zone. On ne connaît que trop bien le poids des mots. Les insultes, les menaces, peuvent blesser autant que les coups. Ne pas nommer ce qui est, ce qui est **sujet**, est aussi insidieux et dommageable que de se taire devant la violence qui s'exerce.

En ce sens, aucune excuse ne peut justifier ce déni d'égalité. On n'a que faire des : trop long, trop compliqué, répétitif, ça dilue le sens, allonge ou alourdit les textes ! Et quoi encore ?! Ce n'est pas lourd, peut-être, des textes ou des discours au masculin ?! Ces prétextes relèvent non seulement de la mauvaise foi, mais d'un déni de l'existence et des effets du langage sexiste. Mais quoi de mieux que l'inversion des rôles pour faire la démonstration de l'absurdité de conserver une telle pratique langagière ? Si demain matin, on se mettait à désigner les êtres et les choses uniquement au féminin, prétextant que cela inclut les hommes, on aurait tôt fait de crier au scandale, à la discrimination, et de nous rappeler qu'il y a des hommes présents et qu'il faut qu'on s'adresse à eux ! Pourtant, on n'a pas le même souci ni le même empressement lorsqu'il s'agit des femmes. Toujours le fameux double standard.

Il est plus que temps de décoloniser notre langue, nos mots, de ce langage de la domination. On ne pourra véritablement parler de société égalitaire que lorsque ce que l'on exprime témoignera réellement de la présence et de l'apport des femmes, et ce, dans toutes les sphères de la société.

Pour en savoir plus sur les principes féministes du langage épicène et pour des exemples de guides :

- FÉMINÉTUDES. *Le langage n'est pas neutre. Petit guide de rédaction féministe*, 2014, <http://feminetudes.org/le-langage-nest-pas-neutre-petit-guide-de-redaction-feministe>.
- LABROSSE, Céline. *Langage non sexiste. Pour l'égalité des femmes et des hommes dans la langue*, <www.langage-nonsexiste.ca>.
- VACHON-L'HEUREUX, Pierrette et Louise GUÉNETTE. *Avoir bon genre à l'écrit. Guide de rédaction épicène*, Office québécois de la langue française, Les publications du Québec, 2007.

3.3 Les alliés

Les hommes, nos alliés ! Oui, mais pas tous et pas toujours, il faut bien le dire, malgré les bonnes intentions qui les animent. Si certains s'avèrent de précieux alliés, en soutien aux luttes, aux prises de position et aux actions des féministes, d'autres ne cernent manifestement pas la posture ni la place à adopter dans les luttes des femmes. Pour plusieurs, la non-mixité de certains comités ou groupes de femmes demeure inutile, voire suspecte. Et lorsque des événements féministes mixtes sont organisés, il n'est pas rare de voir certains s'empresser de prendre la parole en premier, multiplier les interventions ou prendre les devants.

Ces attitudes et comportements, pour le moins curieux pour des gens qui se disent solidaires des causes féministes, peuvent devenir contreproductifs, même insultants. Un exemple ? Des manifestations organisées par des féministes, pour la justice reproductive, où les hommes sont à l'avant de la marche. Vous pensez que c'est injuste de refouler ces hommes de bonne volonté à l'arrière ? Est-ce qu'on trouverait que ça aurait du sens que des Blancs marchent en avant d'une manifestation pour les droits civiques organisée par des personnes racisées ? Non, ce serait complètement absurde… pourtant c'est presque immanquablement le cas dans les événements féministes… Mentionnons aussi la préférence des médias pour l'autorité d'une personnalité publique masculine, et ce, même lorsqu'il est question de sujets féministes (soupir).

Prendre part à des luttes contre des systèmes d'oppression et de domination demande de réfléchir à ses privilèges, ceux que les hommes détiennent encore, en l'occurrence. Cela demande une posture d'écoute, d'humilité et d'introspection, une attention aux mécanismes de reproduction des inégalités. C'est au même exercice que nous nous convions, comme féministes, dans nos rapports avec les femmes autochtones, racisées et/ou marginalisées. Une posture d'ouverture à la différence et à la diversité des réalités et besoins, mais, surtout, l'acceptation que le leadership appartient aux personnes qui sont au cœur même des luttes. Car il y a des moments pour être à l'avant-plan et d'autres… pour être en coulisses. Les deux sont essentiels.

CONCLUSION

Ne doutez jamais qu'un petit nombre de citoyens volontaires et réfléchis peut changer le monde ; en fait, cela se passe toujours ainsi.

Margaret Mead (1901-1978), anthropologue

En dépit des avancées féministes et des lois qui protègent (en principe) les droits des femmes, force est de constater que non seulement l'égalité de fait tarde à se réaliser, mais que l'égalité de droit n'est pas respectée. Même si le Québec se targue du fait que l'égalité entre les sexes soit une valeur fondamentale de sa société, dans la réalité, ce n'est manifestement pas une priorité. Une lecture féministe de l'histoire et de la conjoncture politique révèle que l'État n'a jamais véritablement déployé les efforts requis pour mettre fin aux discriminations et aux violences envers les femmes. Il en va de même de la culture, qui demeure pétrie de rapports de domination, et des mentalités, qui évoluent très lentement, voire résistent au changement !

Dans nos sociétés capitalistes mondialisées, où l'austérité est le nouveau dogme, les États deviennent – par le tout à l'économie et au marché, le démantèlement des politiques et des services publics – des acteurs de l'accroissement des inégalités, entre les peuples, entre les riches et les pauvres, et entre les femmes et les hommes. Mais, restons optimistes. Ce vent d'austérité, caractérisé par des politiques régressives et sexistes, contribue à révéler l'ampleur des inégalités. C'est une occasion de révolte à saisir, la situation qui mettra peut-être fin au mythe persistant de l'égalité-déjà-atteinte et qui ralliera les femmes (et les hommes, nous l'espérons) à la cause féministe. Mettre fin aux inégalités envers les femmes, c'est accepter réellement de repenser nos sociétés en dehors de la logique d'appropriation et d'exploitation, tant des femmes que de la Terre. Une réelle volonté d'égalité et de justice implique le rejet des sociétés patriarcales, capitalistes, racistes et colonialistes. Car il est urgent de se rassembler pour faire naître des alternatives aux sociétés basées sur l'exploitation et la domination ; il en va de notre humanité (préservons le meilleur en nous) et même de notre survie.

Nous sommes fortes de notre histoire et de nos savoirs féministes, outillées pour pourfendre les mythes antiféministes et rétablir les faits, mais nous sommes aussi en action pour susciter une véritable transformation sociale, pour un monde plus juste, égalitaire et solidaire. Nous vivons une période de fracture sociale, politique et démocratique, un moment pour nous réinventer, nous repenser, créer. Et quoi de mieux que d'être dans l'action, sur nos propres bases, pour entretenir notre flamme militante et sentir que nous avons le pouvoir de changer les choses ?

Nos moyens de lutte et nos stratégies d'action sont diversifiés, à l'image de celles et de ceux qui composent les mouvements féministes, ici comme ailleurs. De la prise de parole à l'action collective, de l'éducation populaire à la désobéissance civile : continuons de faire entendre nos voix ! Affirmons haut et fort notre féminisme. Continuons de nous indigner et de lutter contre toutes les oppressions, de nous réapproprier et de transmettre l'histoire de nos luttes, de renforcer nos alliances et nos solidarités, de célébrer nos victoires. Et surtout, demeurons convaincues que nous avons le pouvoir de changer le monde !

NOTES

1. La persistance des inégalités

1. Conseil du statut de la femme. *Portrait des femmes en 8 temps*, gouvernement du Québec, 2014, p. 14.
2. RELAIS-FEMMES. *Le féminisme, ça clique!*, Montréal, 2006, <www.relais-femmes.qc.ca/FADAFEM/html/module1/module1.html>.
3. *Ibid.*
4. DUMONT, Micheline. « Cent ans d'antiféminisme », *Le Devoir*, 5 décembre 2009.
5. La plupart dates nommées dans cette section sont tirées de la publication suivante : CONSEIL DU STATUT DE LA FEMME. *La constante progression des femmes*, gouvernement du Québec, 2013.
6. DUMONT, Micheline. *Pas d'histoire, les femmes! Réflexions d'une historienne indignée*, Montréal, Éditions du remue-ménage, 2013.
7. Créée en 1977, l'Intersyndicale des femmes représente 160 000 travailleuses dont la plupart œuvrent dans les services publics. Elle est composée des organisations suivantes : l'Alliance du personnel professionnel et technique de la santé et des services sociaux (APTS), la Centrale des syndicats du Québec (CSQ), la Centrale des syndicats démocratiques (CSD), la Fédération autonome du collégial (FAC), la Fédération interprofessionnelle de la santé du Québec (FIQ), le Syndicat de la fonction publique du Québec (SFPQ) et le Syndicat de professionnelles et professionnels du Québec (SPGQ), <www.spgq.qc.ca>.
8. Voir à ce sujet un texte des cofondatrices d'*Idle No More* au Québec : LARIVIÈRE, Widia et Mélissa MOLLEN-DUPUIS. « 500 ans d'austérité », dans Ianick Marcil (dir.), *Onze brefs récits sur l'austérité*, Montréal, Somme toute, 2015.
9. Pour un historique plus complet voir : BEAUDET, Pierre. « Retour sur octobre 1970 : "Pas de libération des femmes sans libération du Québec!

Pas de libération du Québec sans libération des femmes!" », *Nouveaux cahiers du socialisme*, 21 octobre 2010, <www.cahiersdusocialisme.org/2010/10/21/%C2%ABpas-de-liberation-des-femmes-sans-liberation-du-quebec-pas-de-liberation-du-quebec-sans-liberation-des-femmes%C2 %BB>.

10. Voir PÉLOQUIN, Marjolaine. *En prison pour la cause des femmes*, Montréal, Éditions du remue-ménage, 2007.

11. Pour une version littéraire et passionnante de l'histoire de la pratique sage-femme au Québec et de l'émergence du féminisme (et de l'antiféminisme) dans les années 1850, lire la trilogie *Les accoucheuses*, d'Anne-Marie Sicotte.

12. Marie Curie (1903 et 1911: physique), Bertha von Suttner (1905: paix), Selma Lagerlöf, (1909: littérature), Grazia Deledda (1926: littérature), Sigrid Undset, (1928: littérature), Jane Addams (1931: paix), Irène Joliot-Curie (1935: chimie), Pearl Buck, (1938: littérature), Gabriela Mistral, (1945: littérature), Emily Greene Balch (1946: paix), Gerty Theresa Cori (1947: médecine). Voir <http://fr.wikipedia.org/wiki/Liste_des_laur%C3%A9ates_du_prix_Nobel#Liste>.

13. Voir RELAIS-FEMMES. *Le féminisme, ça clique!, op. cit.*

14. Voir KAY, Linda, *Elles étaient seize: les premières femmes journalistes au Canada*, Montréal, Presses de l'Université de Montréal, 2015.

15. Madeleine Arbour, Marcelle Ferron, Muriel Guilbault, Louise Renaud, Thérèse Renaud, Françoise Riopelle et Françoise Sullivan. Pour en savoir plus: SMART, Patricia. *Les femmes du Refus global*, Montréal, Boréal, 1998.

16. Textes de Marie-Claire Blais, Marthe Blackburn, Nicole Brossard, Odette Gagnon, Luce Guilbault, Pol Pelletier et France Théoret.

17. Relais-femmes, *op. cit.* Voir également le tableau synthèse des courants de pensée féministes: <www.relais-femmes.qc.ca/FADAFEM/html/module3/tableau/tableau1.html>.

18. DUMONT, Micheline, 2009, *op. cit.*

19. Mode de gestion participatif et collectif développé et expérimenté dans plusieurs groupes de femmes autonomes pour instaurer des rapports égalitaires entre les travailleuses, les membres des conseils d'administration, les membres des organismes et/ou les participantes et faire en sorte que toutes les femmes puissent prendre part aux décisions de leur lieu de militance/travail. La gestion féministe prend en compte le vécu et l'expérience des femmes, met à contribution le savoir de toutes les femmes, dans un objectif de reprise de pouvoir, pour inventer de nouveaux rapports sociaux exempts de domination. Pour en savoir plus: Regroupement des Groupes de Femmes de la région 03 et Relais-femmes, *Guide de formation pour une gestion dans une perspective féministe*, 2011.

20. DUMONT, *op. cit.*, 2013, p. 178.
21. PAGÉ-QUIRION, Samie. « Devant la crise des institutions démocratiques », *Mouton noir*, 17 janvier 2015.
22. L'attaché de presse de la ministre de la Famille, a tenu les propos suivants pour justifier les conditions de travail et de salaire des éducatrices en garderie : « ces femmes n'ont pas à partir, le matin, qu'elles n'ont pas à se déplacer, qu'elles peuvent par exemple lancer une petite brassée de lavage. », voir LEDUC, Louise. « Les éducatrices menacent de débrayer », *La Presse plus*, 24 septembre 2014.
23. FÉDÉRATION DES FEMMES DU QUÉBEC. *Glossaire*, Cahier préparatoire au congrès d'orientation du 27-29 mars 2015, Montréal, décembre 2014, p. 6.
24. Termes utilisés par Carlos Letao, Ministre des finances, pour rejeter le plaidoyer en faveur de l'utilisation de l'analyse différenciée selon les sexes (ADS), de la Fédération des femmes du Québec et du Réseau des tables de groupes de femmes du Québec pendant les audiences publiques sur le projet de loi 28, <www.assnat.qc.ca/fr/video-audio/AudioVideo-55863.html>.
25. *Ibid.*
26. Toutes les citations sont tirées d'une présentation power point intitulée « Aphorismes », généreusement prêtées par Mme Francine Descarries (UQAM). Ces aphorismes sont extraits de DESCARRIES, Francine *et al.*, *Florilège du savoir oppresseur*, Exposition-animation présentée dans le cadre du volet *Femmes et savoir* lors des « 50 heures du féminisme » organisé par Femmes en tête pour célébrer le 50e anniversaire du droit de vote des femmes au Québec, Université du Québec à Montréal, 27-28-29 avril 1990.
27. La figurine d'origine (après la sortie du film), représente Mulan dans ses habits de garçon. La figurine d'aujourd'hui la représente en geisha (vêtement et avenir qu'elle refuse dans le film). On remarque le même traitement fait par Disney pour une autre héroïne qui rompt avec les rôles traditionnels : Merida, dans le film *Rebelle*, est représentée en figurine, comme une princesse, avec la robe qu'elle déteste. Un autre exemple des plus choquants : la princesse Leia dans *Star Wars*. Figure de force et de résistance s'il en est une, elle a longtemps été absente des Figurines de la série (où il est possible de se procurer plein d'obscurs méchants, mais pas la moindre fille !). Et vous savez à quoi ressemble la figurine ? ! Elle reproduit la scène où la princesse Leia est l'esclave sexuelle de Jabba le Hutt, à demi-vêtue, avec une lourde chaîne de prisonnière autour du cou ! Répugnant ! Lorsque les femmes s'éloignent des modèles traditionnels, on a tôt fait de les ramener à une dimension d'objet, à leur enlever leur pouvoir pour les soumettre…

28. Les noms des archétypes et leurs principales caractéristiques ont été développés par Francine DESCARRIES, « L'antiféminisme "ordinaire" », *Recherches féministes*, vol. 18, n° 2, 2005, p. 137-151.
29. Par exemple, la députée néo-démocrate Sana Hassainia, à qui le président de la Chambre avait refusé le droit de voter en 2012 parce qu'elle était accompagnée de son bébé qu'elle allaitait. On a ramené cette femme à sa fonction première, à l'archétype de la femme nourricière, lui interdisant de jouer les deux rôles simultanément.
30. DUMONT, *op. cit.*, 2013.
31. Emily Murphy, Louise McKinney, Nellie McClung, Henrietta Muir Edwards et Irene Parlby. Ce statut de personne a aussi permis aux femmes de pouvoir siéger au Sénat, dont elles étaient exclues auparavant.
32. DUMONT, *op. cit.*, 2013, p. 36.
33. COLLECTIF CLIO, *op. cit.*
34. *Ibid.*
35. DUMONT, Micheline, *op. cit.*, 2013, p. 184.
36. FORGET, Nicolle. *Thérèse Casgrain, la gauchiste en collier de perles*, Montréal, Fides, 2013. À lire absolument !
37. Précisons que la majorité des femmes obtiennent le droit de vote au provincial en 1940, mais pas toutes. Les femmes autochtones et les immigrantes de certains pays (considérés comme des ennemis en cette période de guerre mondiale) n'avaient pas le droit de vote en 1940 (tout comme les immigrants).
38. *Op. cit.*, p. 359.
39. *Ibid.*
40. Comme le rapporte Francine DESCARRIES, dans « L'antiféminisme ordinaire », *Recherches féministes*, vol. 18, n° 2, 2005, p. 137-151, disponible en ligne : <www.erudit.org/revue/RF/2005/v18/n2/012421ar.html>.
41. GOULET, Émilie. « Répercussions du discours antiféministe dans les médias sur le mouvement des femmes québécois », dans Dominique Bourque, Francine Descarries et Caroline Désy (dir.), *De l'assignation à l'éclatement. Continuités et ruptures dans la représentation des femmes*, Les Cahiers de l'IREF, collection « Agora », n° 5, 2013, p. 57-67.
42. Dans le cadre de la Journée internationale des femmes 2015, le Barreau du Québec a tenu une activité avec trois conférenciers (trois hommes) à qui l'on posait trois questions au sujet de la féminisation de la profession !

2. Les mythes à l'épreuve des faits

1. CSF, *op. cit.*, 2014, p. 14.
2. *Ibid.*

3. COUTURIER, Eve-Lyne et Julia POSCA. *Tâches domestiques: encore loin d'un partage équitable*, Notes socioéconomiques, Institut de recherche et d'informations socioéconomique (IRIS), octobre, 2014.
4. CSF, *op. cit.*, 2014, p. 10.
5. CHAGNON, Véronique. « La chaise musicale des politiciennes », *La Gazette des femmes*, 9 février 2015.
6. Ministère de la Sécurité publique. *Les agressions sexuelles au Québec. Statistiques*, Sainte-Foy, Direction de la prévention et de la lutte contre la criminalité, 2006.
7. BLAIS, Mélissa et Francis DUPUIS-DÉRI (dir.). *Le mouvement masculiniste au Québec. L'antiféminisme démasqué*, Montréal, Éditions du remue-ménage, nouvelle édition, 2015.
8. Pour en savoir plus, voir CSQ, 2012 ; DUMONT, *op. cit.*, 2013 et CSF, 2014.
9. DUPUIS-DÉRI, 2008, *op. cit.*
10. Voir Institut national de santé publique du Québec, 2014, ainsi que pour les statistiques qui suivent.
11. Pour ces dernières références, voir Direction Santé publique du Québec, 2012 et MSSS, 2008.
12. Voir Gai écoute.
13. Voir Fondation autochtone de guérison.
14. DUBEAU, Diane. *Inscrire les pères à l'agenda des politiques publiques*, Regroupement pour la valorisation de la paternité (VPR), résumé, 2014, p. 2.
15. *Ibid.*
16. Voir leur site web.
17. Pour cette statistique et les suivantes, voir LAVOIE, Josiane. « L'activisme juridique, le divorce et la garde des enfants : *backlash* sur les gains essentiels du mouvement féministe », dans BLAIS et DUPUIS-DÉRI (dir.), *op. cit.*, p. 195-209.
18. GOBERT, Céline. « De moins en moins de femmes juges », *Droit-inc*, 24 novembre 2011.
19. LAVOIE, *op. cit.*
20. DUBEAU, *op. cit.*
21. LAVOIE, *op. cit.*
22. CONSEIL DU STATUT DE LA FEMME. *Portrait statistique égalité – région Laval*, gouvernement du Québec, 2015.
23. LAVOIE, *op. cit.*, p. 203.
24. L'aliénation parentale se caractérise par le dénigrement injustifié d'un des parents par l'enfant, ce qui peut provoquer le rejet du parent (aliéné). Si ce comportement est encouragé par l'autre parent, c'est alors qu'on peut le qualifier d'aliénant. Voir à ce sujet LAPIERRE et CÔTÉ, 2014.

25. OCKRENT, Christine (dir). *Livre noir de la condition des femmes*, Paris, XO éditions, 2006.
26. CSF, *op. cit.*, 2014, p. 18.
27. WALTER, Emmanuelle. *Sœurs volées. Enquête sur un féminicide au Canada*, Montréal, Lux Éditeur, 2014.
28. BLAIS, Mélissa. *« J'haïs les féministes » : le 6 décembre 1989 et ses suites*, Montréal, Éditions du remue-ménage, 2009.
29. Coalition pour le contrôle des armes, <www.controledesarmes.ca>.
30. SERVICE DE POLICE DE LA VILLE DE MONTRÉAL. *Unis contre la violence conjugale et intrafamiliale,* Plan d'action stratégique en matière de violence conjugale et intrafamiliale 2013-2017, SPVM, 2013.
31. Voir le site web de l'organisme : www.sosviolenceconjugale.ca.
32. SPVM, *op. cit.*
33. STATISTIQUE CANADA. *Enquête sociale générale*, 2009.
34. MSP, *op. cit.*, 2006.
35. CSF, *op. cit.*, 2014.
36. <www.violenceconjugale.gouv.qc.ca>.
37. LAMONDE, Mélanie. « Notre devoir d'agir contre la violence conjugale post-séparation », *Le Soleil*, 12 juin 2014.
38. Voir le bouleversant documentaire *Les survivantes* où des femmes dont le ou les enfants ont été assassinés par leur ex-conjoint prennent courageusement la parole : <www.lessurvivantes.com/#accueil>. Le cas de St-Liboire en juin 2014 est aussi éloquent : la mère avait appelé la police, mais n'avait pas obtenu de l'aide. Son ex-conjoint s'est suicidé avec son fils.
39. LAMONDE, *op. cit.*
40. ELKOURI, Rima. « Le niqab intérieur », *La Presse Plus*, 14 mars 2015.
41. ARCAN, Nelly. *Burqa de chair*, Paris, Éditions du Seuil, 2011 (publié à titre posthume). Nelly Arcan (1973-2009) questionne, à travers ses écrits lucides et acérés, le rapport au corps, à la beauté, la dualité et les tensions entre libération et aliénation. Voir le site dédié à son œuvre littéraire : <nellyarcan.com>.
42. Voir TABLE DE CONCERTATION DE LAVAL EN CONDITION FÉMININE. *Égalité & diversité : zéro cliché*, trousse éducative interculturelle sur les stéréotypes sexuels et sexistes, 2012. Pour plus d'analyse et un répertoire d'articles et d'outils à ce sujet, <www.zerocliche.com>.
43. MINISTÈRE DE LA SÉCURITÉ PUBLIQUE. *Infractions sexuelles au Québec. Faits saillants 2013*, gouvernement du Québec, 2015.
44. MSP, *op. cit.*, 2006.
45. MSP, *op. cit.*, 2015.
46. UNIVERSITÉ D'OTTAWA. *Rapport du Groupe de travail sur le respect et l'égalité : mettre fin à la violence sexuelle à l'Université d'Ottawa*, 2015.

47. MSP, *op. cit.*, 2006.
48. Statistique Canada, 2003 dans Viens, Tourigny, Lagueux et Loméga, 2011, p. 308, cité dans CONSEIL DU STATUT DE LA FEMME, *Rapport sur la mise en œuvre du Plan d'action gouvernemental 2008-2013 en matière d'agression sexuelle*, mémoire, gouvernement du Québec, 2015.
49. MSP, *op. cit.*, 2006.
50. UNIVERSITÉ D'OTTAWA, *op. cit.*
51. CSF, *op. cit.*, 2013, p. 37.
52. COMITÉ BIEN-ÊTRE COLLECTIF. « Consentement 101 », *Printemps 2015*, 2014.
53. LUSSIER, Judith. « Quelques recommandations au SPVM », *Journal Métro*, 10 octobre 2014.
54. MSP, *op. cit.*, 2006.
55. MSP, *op. cit.*, 2015.
56. MSP, *op. cit.*, 2006.
57. CSF, *op. cit.*, 2013, p. 36.
58. UNIVERSITÉ D'OTTAWA, *op. cit.*
59. MSP, *op. cit.*, 2006.
60. MSP, *op. cit.*, 2015.
61. Pour les diverses sources, voir CONSEIL DU STATUT DE LA FEMME, *Rapport sur la mise en œuvre du Plan d'action gouvernemental 2008-2013 en matière d'agression sexuelle*, mémoire, gouvernement du Québec, 2015, p. 14.
62. CONSEIL DU STATUT DE LA FEMME. *La prostitution : il est temps d'agir*, gouvernement du Québec, 2012.
63. SZCZEPANIK, Geneviève, Chantal ISMÉ et Élaine GRISÉ. *Connaître les besoins des femmes qui ont un vécu dans l'industrie du sexe pour mieux baliser les services*, Montréal, Concertation des luttes contre l'exploitation sexuelle, 2014.
64. CSF, *op. cit.*, 2012.
65. Voir Comité d'aide contre la traite humaine interne et internationale (CATHII), <www.cathii.org>.
66. CSF, *op. cit.*, 2012, p. 28.
67. SZCZEPANIK *et al.*, *op. cit.*, p. 4.
68. *Ibid.*, p. 8.
69. SZCZEPANIK, Geneviève, Chantal ISMÉ et Élaine GRISÉ. *Portrait de l'industrie du sexe au Québec*, Montréal, Concertation des luttes contre l'exploitation sexuelle, 2014.
70. SZCZEPANIK *et al.*, *op. cit.*, p. 5 et Projet L.U.N.E., 2015.
71. CSF, *op. cit.*, 2012.

72. JEAN, Rhéa. *L'intime et le marché: réflexion éthique sur l'autonomie et la prostitution*, Québec, Presses de l'Université Laval, 2015 et CHAGNON, Rachel et Léa BRIÈRE-GODBOUT. *Analyse de la jurisprudence et de la législation en matière de prostitution au Canada*, Montréal, Service aux collectivités de l'UQAM, 2015.
73. Trans* est un terme qui englobe les réalités de toutes les personnes qui ne sont pas cisgenres (dont le genre correspond au sexe) et qui peuvent se définir comme transexuelles, transgenres, travesties, genderqueer, bispirituelles, etc. Voir FÉDÉRATION DU QUÉBEC POUR LE PLANNING DES NAISSANCES, *La justice reproductive ou l'application du prisme de la justice sociale à la santé et aux droits sexuels, reproductifs et maternels,* Montréal, FQPN, 2014.
74. BASTIEN-CHARLEBOIS, Janik. « Les personnes intersexes veulent que l'on entende leur voix, *Fugues*, 18 avril 2013.
75. CHOUINARD, Tommy. « Québec met fin à la gratuité des services de procréation assistée », *La Presse*, 28 novembre 2014.
76. Voir le site web de la Fédération des médecins spécialistes.
77. Projet de loi 20 du ministre de la Santé du Québec, qui en plus d'imposer des quotas aux médecins (504 par année par médecin), veut faire en sorte que l'avortement ne soit plus considéré comme un acte médical prioritaire, faisant ainsi en sorte que moins de médecins auront le temps d'en pratiquer. Pour plus d'information: NADEAU, Jessica. « L'avortement dans la mire de Barrette », *La Presse*, 25 mars 2015, <http://m.ledevoir.com/societe/sante/435407/projet-de-loi-20-l-avortement-dans-la-mire-de-barrette>.
78. CONSEIL DU STATUT DE LA FEMME. *Le droit à l'avortement: 25 ans de reconnaissance officielle*, gouvernement du Québec, 2013.
79. GUTTMACHER. *Interdire l'avortement met en péril la santé des femmes*, Fiche statistique, 2013.
80. CSF, 2013, *op. cit.*
81. Voir FÉDÉRATION AUTONOME DE L'ENSEIGNEMENT et RELAIS-FEMMES. *Le décrochage scolaire des filles: la possibilité d'agir, la nécessité de le faire!*, Rapport d'analyse de l'étude exploratoire « Les conséquences du décrochage scolaire des filles », 2015. Ainsi que RABY, Julie. *Raccrocher de toutes ses forces! Analyse exploratoire du décrochage et du raccrochage scolaires des femmes du Centre-du-Québec*, Table de concertation du mouvement des femmes du Centre-du-Québec, 2015.
82. Ces données et les suivantes sont tirées de CENTRALE DES SYNDICATS DU QUÉBEC (CSQ). *Le décrochage et la réussite scolaire des garçons. Déconstruire les mythes, rétablir les faits*, 2012.

83. FÉDÉRATION AUTONOME DE L'ENSEIGNEMENT. *Les conséquences du décrochage scolaire des filles*, en collaboration avec Relais-femmes, 2012.
84. *Ibid.*
85. RABY, Julie, *op. cit.*
86. CSF, *op. cit.*, 2013, p. 15.
87. DUMONT, *op. cit.*, 2013, p. 206.
88. CSQ et FAE, *op. cit.*
89. Pour ces données et les suivantes, voir CSQ, *op. cit.*, 2012.
90. COLLECTIF CLIO, *op. cit.*
91. DUMONT, *op. cit.*, 2013, p. 138.
92. CSQ, *op. cit.*
93. *Ibid.*
94. Sauf indication contraire, les données mentionnées dans cette section proviennent de CSF, *op. cit.*, 2014 et ROSE, Ruth. *Les femmes et le marché du travail au Québec: portrait statistique*, Montréal, Comité consultatif Femmes en développement de la main-d'œuvre, 2013.
95. ROSE, *op. cit.*, p. 83.
96. CSF, *op. cit.*, 2014, p. 14.
97. *Ibid.*, p. 8.
98. *Ibid.*, p. 35.
99. CONFÉDÉRATION DES SYNDICATS NATIONAUX. *Recul, les filles!*, Fiche statistique, 2015.
100. *Ibid.*
101. CSF, *op. cit.*, 2014, p. 14.
102. ROSE, *op. cit.*
103. *Ibid.*, p. 74.
104. CSF, *op. cit.*, 2014, p. 15.
105. *Ibid.*, p. 8.
106. *Ibid.*, p. 15.
107. CSF, *op. cit.*, 2013, p. 34.
108. SYNDICAT DE PROFESSIONNELLES ET PROFESSIONNELS DU GOUVERNEMENT DU QUÉBEC (SPGQ). *Femmes et travail: un modèle à réinventer, Conciliation travail-famille: un rêve inachevé, Lieux de pouvoirs: des gestes à poser*, Document de réflexion, États généraux des femmes, 21-22 novembre 2014.
109. COUTURIER et POSCA, *op. cit.*
110. *Ibid.*, p. 7.
111. SURPRENANT, Marie-Eve. *Jeunes couples en quête d'égalité*, Montréal, Sisyphe, 2009.

112. *Ibid.*
113. INSTITUT DE LA STATISTIQUE DU QUÉBEC. *Coup d'œil sur l'emploi du temps au Québec de 1986 à 2010*, n° 21, février 2013.
114. COUTURIER et POSCA, *op. cit.*, p. 3.
115. *Ibid.*
116. STATISTIQUE CANADA. *Portrait des aidants familiaux*, 2012.
117. SURPRENANT, *op. cit.*
118. ROSE, *op. cit.*, p. 112.
119. SPGQ, *op. cit.*
120. Voir le site du Régime québécois d'assurance parentale.
121. DUBEAU, Diane. *Être présent sur la route des pères engagés. Recension québécoise 2009-2010 des modalités de soutien pour les pères*, Montréal, Regroupement pour la valorisation de la paternité, 2011.
122. Voir <www.avenirdenfants.org/que-faisons-nous/soutenir-des-projets-en-transfert-et-appropriation-des-connaissances/soutenir-des-projets-en-transfert-et-appropriation-des-connaissances/initiative-amis-des-peres.aspx> et <http://iap.uqo.ca>.
123. LAPIERRE et CÔTÉ, *op. cit.*
124. BISSONNETTE, Nathalie. « Sage… et infatigables femmes », *La Gazette des femmes*, 23 janvier 2012.
125. CSF, *op. cit.*, 2014.
126. SURPRENANT, *op. cit.*
127. LAPIERRE, Simon. « Engagement paternel : contrer l'exclusion ou viser l'égalité ? », *Huffington Post*, 18 août 2014.
128. ASSOCIATION POUR LA SANTÉ PUBLIQUE DU QUÉBEC. « Dossier IAMF. Une initiative prometteuse, pour un accouchement physiologique et respecté », *Bulletin d'information en périnatalité*, vol. 10, n° 1, juin 2006, p. 7-9.
129. ROCHETTE, Annie, Sophie GRAMME, Florence LAVIGNE LE BUIS. *L'intégration du genre dans la lutte et l'adaptation aux changements climatiques au Québec*, Service aux collectivités, UQAM, 2013.
130. KLEIN, Naomi. *Tout peut changer. Capitalisme et changements climatiques*, Montréal, Lux éditeur, 2015.
131. CANTIN, Marie-Anne. « La Marche mondiale des femmes : un mouvement irréversible et plus que jamais actuel », *Huffington Post*, 16 mars 2015.
132. ARNAUD, Aurélie. « Plan Nord – Où sont les femmes autochtones ? », *Le Devoir*, 2 mai 2012.
133. ROCHETTE *et al.*, *op. cit.*
134. Assemblée nationale du Québec : <www.assnat.qc.ca/fr/deputes/statistiques-deputes.html>.
135. CHAGNON, *op. cit.*

136. CSF, *op. cit.*, 2014, p. 21.
137. Palmarès du *Financial Post 500,* cité dans SPGQ, 2014.
138. CSF, *op. cit.*, 2014, p. 22.
139. Voir NGUYEN, Minh. *Compilation des conséquences des mesures d'austérité 2014-2015*, Institut de recherche et d'informations socioéconomique (IRIS), 26 mars 2015.
140. CHAGNON, *op. cit.*
141. *Ibid.*
142. Termes utilisés par Marc Chapleau (PLQ), adjoint parlementaire du ministre des Affaires municipales et de l'Occupation du territoire (MAMOT), qui ne semble manifestement pas comprendre pourquoi il n'y a pas plus de femmes en politique, car, après tout, celles-ci ont été invitées. (Que veulent-elles donc de plus ?!) Voir les audiences publiques sur le projet de loi 28 (cœurs sensibles s'abstenir) le 10 février 2015, <www.assnat.qc.ca/fr/video-audio/AudioVideo-55863.html> (à partir de 30 :50).
143. CHAGNON, *op. cit.*
144. *Ibid.*
145. BOURQUE, Olivier. « Parité : des sociétés d'État traînent de la patte », *Argent*, 8 mars 2013.
146. Voir ORÉGAND, <www.oregand.ca/veille/%C3%A9lections-municipales-2013>.
147. CHAGNON, *op. cit.*
148. TURCOTTE, Claude. « Les entrevues HEC Montréal : la lente ascension », *Le Devoir*, 8 mars 2011.
149. LUSSIER, Judith. « Bienvenue dans mon boy's club », *Journal Métro*, 2 septembre 2014.
150. SURPRENANT, Marie-Eve et Mylène BIGAOUETTE (dir). *Les femmes changent la lutte. Au cœur du printemps québécois*, Montréal, Éditions du remue-ménage, 2013.
151. DUMONT, *op. cit.*, 2013, p. 203.
152. Slogan de la Marche mondiale des femmes 2010.

3. Le féminisme, plus nécessaire que jamais !

1. Qui pose en tant que norme le fait de ne pas avoir de limitation fonctionnelle.

BIBLIOGRAPHIE

ARNAUD, Aurélie. « Plan Nord – Où sont les femmes autochtones ? », *Le Devoir*, 2 mai 2012, www.ledevoir.com/societe/actualites-en-societe/348959/ou-sont-les-femmes-autochtones.

BASTIEN-CHARLEBOIS, Janik. « Les personnes intersexes veulent que l'on entende leur voix, *Fugues*, 18 avril 2013, <www.fugues.com/218413-article-les-personnes-intersexes-veulent-que-lon-entende-leur-voix.html>.

BISSONNETTE, Nathalie. « Sage… et infatigables femmes », *La Gazette des femmes*, 23 janvier 2012, <www.gazettedesfemmes.ca/5688/sages-et-infatigables-femmes/#ss1>.

BLAIS, Mélissa. *« J'haïs les féministes » : le 6 décembre 1989 et ses suites*, Montréal, Éditions du remue-ménage, 2009.

BLAIS, Mélissa et Francis DUPUIS-DÉRI (dir.). *Le mouvement masculiniste au Québec. L'antiféminisme démasqué*, Montréal, Éditions du remue-ménage, 2008, rééd. 2015.

BOURQUE, Olivier. « Parité : des sociétés d'État traînent de la patte », *Argent*, 8 mars 2013.

CANTIN, Marie-Anne, « La Marche mondiale des femmes : un mouvement irréversible et plus que jamais actuel », *Huffington Post*, 16 mars 2015.

CENTRALE DES SYNDICATS DU QUÉBEC (CSQ). *Le décrochage et la réussite scolaire des garçons. Déconstruire les mythes, rétablir les faits*, 2012, <www.lacsq.org/dossiers/education/decrochage>.

CHAGNON, Rachel et Léa BRIÈRE-GODBOUT. *Analyse de la jurisprudence et de la législation en matière de prostitution au Canada*, Montréal, Service aux collectivités de l'UQAM, 2015.

CHAGNON, Véronique. « La chaise musicale des politiciennes », *La Gazette des femmes*, 9 février 2015.

CHOUINARD, Tommy. « Québec met fin à la gratuité des services de procréation assistée », *La Presse*, 28 novembre 2014, <www.lapresse.ca/actualites/sante/201411/28/01-4823347-quebec-met-fin-a-la-gratuite-des-services-de-procreation-assistee.php>.

COLLECTIF CLIO. *L'histoire des femmes au Québec depuis quatre siècles*, Montréal, Le Jour, 1992.

COMITÉ BIEN-ÊTRE COLLECTIF. « Consentement 101 », *Printemps 2015*, 2014, <www.printemps2015.org>.

CONFÉDÉRATION DES SYNDICATS NATIONAUX. *Recul, les filles !*, Fiche statistique, 2015, <www.refusons.org>.

CONSEIL DU STATUT DE LA FEMME. *Portrait statistique égalité – région Laval*, gouvernement du Québec, 2015.

CONSEIL DU STATUT DE LA FEMME. *Rapport sur la mise en œuvre du Plan d'action gouvernemental 2008-2013 en matière d'agression sexuelle*, mémoire, gouvernement du Québec, 2015.

CONSEIL DU STATUT DE LA FEMME. *Portrait des québécoises en 8 temps*, gouvernement du Québec, 2014.

CONSEIL DU STATUT DE LA FEMME. *La constante progression des femmes*, gouvernement du Québec, 2013.

CONSEIL DU STATUT DE LA FEMME. *Le droit à l'avortement : 25 ans de reconnaissance officielle*, gouvernement du Québec, 2013.

CONSEIL DU STATUT DE LA FEMME. *La prostitution : il est temps d'agir*, gouvernement du Québec, 2012.

COUTURIER, Eve-Lyne et Simon TREMBLAY-PEPIN. *Les mesures d'austérité et les femmes : analyse des documents budgétaires depuis novembre 2008*, Notes socioéconomiques, Institut de recherche et d'informations socioéconomique (IRIS), octobre 2015.

COUTURIER, Eve-Lyne et Julia POSCA. *Tâches domestiques : encore loin d'un partage équitable*, Notes socioéconomiques, Institut de recherche et d'informations socioéconomique (IRIS), octobre 2014, <http://iris-recherche.qc.ca/wp-content/uploads/2014/10/14-01239-IRIS-Notes-Taches-domestiques_WEB.pdf>.

DIRECTION DE LA SANTÉ PUBLIQUE. *Idées suicidaires et tentatives de suicide au Québec*, Collection des données à l'action, ministère de la Santé et des Services sociaux du Québec, 2012.

DUBEAU, Diane. *Inscrire les pères à l'agenda des politiques publiques*, Regroupement pour la valorisation de la paternité (VPR), 2014.

DUBEAU, Diane. *Être présent sur la route des pères engagés. Recension québécoise 2009-2010 des modalités de soutien pour les pères*, Montréal, Regroupement pour la valorisation de la paternité, 2011.

DUMONT, Micheline. *Pas d'histoire, les femmes ! Réflexions d'une historienne indignée*, Montréal, Éditions du remue-ménage, 2013.

DUMONT, Micheline. « Cent ans d'antiféminisme », *Le Devoir*, 5 décembre 2009, <www.ledevoir.com/societe/actualites-en-societe/278637/cent-ans-d-antifeminisme>.

ELKOURI, Rima. « Le niqab intérieur », *La Presse Plus*, 14 mars 2015, <http://plus.lapresse.ca/screens/9c092e62-ddc5-4704-88d4-020e7fef5db1%7C_0.html>.

FÉDÉRATION AUTONOME DE L'ENSEIGNEMENT. *Les conséquences du décrochage scolaire des filles*, en collaboration avec Relais-femmes, 2012, <www.lafae.qc.ca/wp-content/uploads/2012/06/decrochage-scolaire-filles_guide_201203.pdf>.

FÉDÉRATION DES FEMMES DU QUÉBEC. *Glossaire*, Cahier préparatoire au congrès d'orientation du 27-29 mars 2015, Montréal, décembre 2014.

FÉDÉRATION DU QUÉBEC POUR LE PLANNING DES NAISSANCES. *La justice reproductive ou l'application du prisme de la justice sociale à la santé et aux droits sexuels, reproductifs et maternels*, Montréal, FQPN, 2014.

FONDATION AUTOCHTONE DE GUÉRISON. *Suicide chez les autochtones au Canada*, Collection de recherche, 2007, <www.fadg.ca/downloads/le-suicide.pdf>.

FORGET, Nicolle. *Thérèse Casgrain, la gauchiste en collier de perles*, Montréal, éditions Fides, 2013.

GOBERT, Céline. « De moins en moins de femmes juges », *Droit-inc*, 24 novembre 2011.

GOULET, Émilie. « Répercussions du discours antiféministe dans les médias sur le mouvement des femmes québécois », dans Dominique Bourque, Francine Descarries et Caroline Désy (dir.), *De l'assignation à l'éclatement. Continuités et ruptures dans la représentation des femmes*, Les Cahiers de l'IREF, collection « Agora », n° 5, 2013, p. 57-67.

GUTTMACHER. *Interdire l'avortement met en péril la santé des femmes*, Fiche statistique, 2013, <www.guttmacher.org>.

INSTITUT DE LA STATISTIQUE DU QUÉBEC. *Coup d'œil sur l'emploi du temps au Québec de 1986 à 2010*, n° 21, février 2013, <www.stat.gouv.qc.ca/statistiques/population-demographie/bulletins/coupdoeil-no21.pdf>.

INSTITUT NATIONAL DE SANTÉ PUBLIQUE DU QUÉBEC. *La mortalité par suicide au Québec : 1981 à 2011*, mis à jour en 2014.

JEAN, Rhéa. *L'intime et le marché : réflexion éthique sur l'autonomie et la prostitution*, Québec, Presses de l'Université Laval, 2015.

KLEIN, Naomi. *Tout peut changer. Capitalisme et changements climatiques*, Montréal, Lux Éditeur, 2015.

LAMONDE, Mélanie. « Notre devoir d'agir contre la violence conjugale post-séparation », *Le Soleil*, 12 juin 2014, <www.lapresse.ca/le-soleil/opinions/points-de-vue/201406/11/01-4774923-notre-devoir-dagir-contre-la-violence-conjugale-post-separation.php>.

LAPIERRE, Simon. « Engagement paternel : contrer l'exclusion ou viser l'égalité ? », *Huffington Post*, 18 août 2014, http://quebec.huffingtonpost.ca/simon-lapierre/amis-des-peres-engagement-paternel_b_5678360.html>.

LAPIERRE, Simon et Isabelle CÔTÉ. « Pourquoi faut-il s'inquiéter du buzz autour de l'aliénation parentale ? », *Huffington Post*, 20 mai 2014, <http://quebec.huffingtonpost.ca/simon-lapierre/alienation-parentale-engouement-inquietudes_b_5344018.html>.

LAVOIE, Josiane. « L'activisme juridique, le divorce et la garde des enfants : *backlash* sur les gains essentiels du mouvement féministe », dans Mélissa BLAIS et Francis DUPUIS-DÉRI (dir.), *Le mouvement masculiniste au Québec. L'antiféminisme démasqué*, Montréal, Éditions du remue-ménage, 2008, p. 195-209.

LUSSIER, Judith. « Quelques recommandations au SPVM », *Journal Métro*, 10 octobre 2014, <http://journalmetro.com/opinions/prochaine-station/572766/quelques-recommandations-au-spvm>.

LUSSIER, Judith. « Bienvenue dans mon boy's club », *Journal Métro*, 2 septembre 2014, <http://journalmetro.com/opinions/prochaine-station/550407/bienvenue-dans-mon-boys-club>.

MINISTÈRE DE LA SANTÉ ET DES SERVICES SOCIAUX. *Niveau élevé à l'échelle de détresse psychologique, selon l'âge et selon le sexe*, Statistiques de santé et de bien-être selon le sexe, gouvernement du Québec, 2008, <www.msss.gouv.qc.ca/statistiques/sante-bien-etre/index.php?Niveau-eleve-a-lechelle-de-detresse-psychologique-selon-lage-et-selon-le-sexe>.

MINISTÈRE DE LA SÉCURITÉ PUBLIQUE. *Infractions sexuelles au Québec. Faits saillants 2013*, gouvernement du Québec, 2015.

MINISTÈRE DE LA SÉCURITÉ PUBLIQUE. 2006. *Les agressions sexuelles au Québec, Statistiques*, Sainte-Foy, Direction de la prévention et de la lutte contre la criminalité, 2004, Faits saillants disponibles, <www.msss.gouv.qc.ca/sujets/prob_sociaux/agression_sexuelle/index.php?des-chiffres-qui-parlent>.

NGUYEN, Minh. *Compilation des conséquences des mesures d'austérité 2014-2015, Institut de recherche* et d'informations socioéconomique (IRIS), 26 mars 2015, <http://iris-recherche.qc.ca/wp-content/uploads/2015/04/Austerite2014-2015_31-mars-2015.pdf>.

OCKRENT, Christine (dir). *Livre noir de la condition des femmes*, Paris, XO éditions, 2006.

PAGÉ-QUIRION, Samie. « Devant la crise des institutions démocratiques », *Mouton noir*, 17 janvier 2015, <www.moutonnoir.com/2015/01/devant-la-crise-des-institutions-democratiques>.

PROJET L.U.N.E. *Rapport d'une enquête sur le terrain. Profil socioprofessionnel et portrait des besoins en employabilité de travailleuses du sexe (TDS) à Québec*, 2015.

RABY, Julie. *Raccrocher de toutes ses forces ! Analyse exploratoire du décrochage et du raccrochage scolaires des femmes du Centre-du-Québec*, Table de concertation du mouvement des femmes du Centre-du-Québec, 2015.

RELAIS-FEMMES. *Le féminisme, ça clique !*, 2006, Formation gratuite en ligne : <www.relais-femmes.qc.ca/FADAFEM>.

ROCHETTE, Annie, Sophie GRAMME et Florence LAVIGNE LE BUIS. *L'intégration du genre dans la lutte et l'adaptation aux changements climatiques au Québec*, Service aux collectivités, UQAM, 2013, <www.mediaterre.org/genre/actu,20130527141414.html>.

ROSE, Ruth. *Les femmes et le marché du travail au Québec : portrait statistique*, Montréal, Comité consultatif Femmes en développement de la main-d'œuvre, 2013.

SERVICE DE POLICE DE LA VILLE DE MONTRÉAL. *Unis contre la violence conjugale et intrafamiliale*, Plan d'action stratégique en matière de violence conjugale et intrafamiliale 2013-2017, SPVM, 2013.

STATISTIQUE CANADA. *Portrait des aidants familiaux*, 2012, <www.statcan.gc.ca/pub/89-652-x/89-652-x2013001-fra.htm>.

STATISTIQUE CANADA. *Enquête sociale générale*, 2009.

SURPRENANT, Marie-Eve et Mylène BIGAOUETTE (dir). *Les femmes changent la lutte. Au cœur du printemps québécois*, Montréal, Éditions du remue-ménage, 2013.

SURPRENANT, Marie-Eve. *Jeunes couples en quête d'égalité*, Montréal, éditions Sisyphe, 2009.

SYNDICAT DE PROFESSIONNELLES ET PROFESSIONNELS DU GOUVERNEMENT DU QUÉBEC (SPGQ). *Femmes et travail : un modèle à réinventer, Conciliation travail-famille : un rêve inachevé, Lieux de pouvoirs : des gestes à poser*, document de réflexion, États généraux des femmes, 21-22 novembre 2014.

SZCZEPANIK, Geneviève, Chantal ISMÉ et Élaine GRISÉ. *Connaître les besoins des femmes qui ont un vécu dans l'industrie du sexe pour mieux baliser les services*, Montréal, Concertation des luttes contre l'exploitation sexuelle, 2014.

SZCZEPANIK, Geneviève, Chantal ISMÉ et Élaine GRISÉ. *Portrait de l'industrie du sexe au Québec*, Montréal, Concertation des luttes contre l'exploitation sexuelle, 2014.

TABLE DE CONCERTATION DE LAVAL EN CONDITION FÉMININE. *Égalité & diversité : zéro cliché*, trousse éducative interculturelle sur les stéréotypes sexuels et sexistes, Laval, 2012, <www.zerocliche.com>.

TABLE DE CONCERTATION DE LAVAL EN CONDITION FÉMININE. *Paroles féministes, controns le ressac ! Réponses au discours antiféministe*, Laval, TCLCF, 2005.

TURCOTTE, Claude. « Les entrevues HEC Montréal : la lente ascension », *Le Devoir*, 8 mars 2011.

UNIVERSITÉ D'OTTAWA. *Rapport du Groupe de travail sur le respect et l'égalité : mettre fin à la violence sexuelle à l'Université d'Ottawa*, 2015.

WALTER, Emmanuelle. *Sœurs volées. Enquête sur un féminicide au Canada*, Montréal, Lux Éditeur, 2014.

REMERCIEMENTS

Cet ouvrage est le fruit du travail des dix dernières années, où nous avons eu la chance, à la Table de concertation de Laval en condition féminine (TCLCF), de rencontrer des centaines, voire des milliers de femmes de tous horizons, grâce aux formations et ateliers issus du guide *Paroles féministes, controns le ressac. Réponses au discours antiféministe,* que nous avons donnés un peu partout au Québec. Ces femmes, tout comme les membres de la TCLCF, nous ont fait un énorme cadeau : elles ont partagé avec nous leur vécu, leur expérience et leurs observations, elles ont témoigné de leur colère, des obstacles qui se dressent toujours sur leur route et de leur crainte de ne jamais voir l'égalité se réaliser... pour leurs filles et leurs petites-filles. Elles ont contribué, bien souvent sans le savoir, à nous inspirer et à approfondir le contenu de ce *Manuel de résistance féministe.*

Nous tenons à remercier spécialement les membres de la TCLCF. Elles sont le cœur et le moteur de notre organisation. Un grand merci aussi aux nombreux comités de condition féminine des syndicats qui ont fait appel à nous pour des conférences et des ateliers. Par le biais de ces comités, nous avons rencontré des milliers de femmes engagées, impliquées dans la vie démocratique, des femmes en lutte, des femmes remarquables ! Les filles des syndicats, quand elles nous adoptent, c'est pour la vie (et c'est réciproque) !

Nous remercions les partenaires qui ont cru au projet et qui l'on soutenu financièrement, en nous laissant toute l'autonomie et la marge de manœuvre dont nous avions besoin. Un merci particulier à

Roxanne Prince et à Danièle Marchand pour leur enthousiasme, leur ouverture, et leur soutien. Nos remerciements vont aussi aux Éditions du remue-ménage, qui ont accepté de se joindre à cette aventure (ou plutôt qui nous ont embarquées dans une aventure bien plus grande que ce que nous avions imaginé) en nous proposant de faire un livre plutôt qu'un guide. Un merci particulier à Valérie Lefebvre-Faucher, pour son rigoureux travail de révision, qui nous a permis de préciser notre pensée et de pousser plus loin la réflexion.

Nous remercions chaleureusement les travailleuses de la TCLCF, qui ont au fil du temps bonifié les savoirs collectifs qui ont servi de base à l'écriture du *Manuel de résistance féministe*, particulièrement Emi Togo et Mylène Bigaouette. Il en va de même des membres, anciennes et actuelles, du comité de coordination de la TCLCF, qui n'ont jamais cessé de croire et de soutenir ce projet à toutes les étapes.

Merci aussi à celles qui ont lu, validé et proposé des arguments et des sources pour contrer les mythes antiféministes : Jenny Godmer, Julie Dagenais et ses collègue du CPIVAS, de même que Ève-Marie Lampron (aussi pour son appui et soutien inconditionnel !). Un merci tout spécial aux premières lectrices du manuscrit, Isabelle Renaud, Blanche Paradis et Claudette L'écuyer. Vos commentaires et encouragements ont été des plus précieux.

Même si comme féministe, on tente de mettre fin aux clichés, je ne peux faire autrement que remercier ma famille : Jocelyn, Rafaël, Flavie, Claude et Claudette, qui ont été d'une patience et d'un soutien inestimable dans la rédaction de cet ouvrage. Et même s'ils ne liront jamais ces lignes, un doux merci aux chats roux et gris qui ont ronronné à mes côtés (ou piétiné mon ordinateur) pendant les longues heures où je cherchais l'inspiration.

À VOS PLUMES !

Bien que les arguments et les stratégies antiféministes soient vieux comme le monde, ils changent de formes constamment. D'autres mythes et arguments antiféministes croiseront votre chemin, des faits nouveaux s'ajouteront à l'argumentaire féministe ainsi que des stratégies d'action.

La contribution des féministes à la transformation sociale et à l'amélioration des conditions de vie pour toutes et tous est riche et se renouvelle sans cesse. Chacune peut y apporter sa contribution. Partagez la vôtre !

Mythes antiféministes	**Faits sur l'égalité et les conditions de vie des femmes**

Stratégies antiféministes	**Stratégies féministes**

Histoire et luttes des femmes à transmettre et/ou à poursuivre

MIXTE
Papier issu de
sources responsables
FSC® C100212

Achevé d'imprimer
en janvier deux mille seize, sur les presses
de l'imprimerie Gauvin, Gatineau, Québec